Christian Peitz

Teelöffelmärchen

Teelöffelmärchen

In diesem Märchenbuch dreht sich vieles um den kleinen, unscheinbaren Teelöffel – und doch ist er der Schlüssel zu großen Abenteuern! Begleite Prinzen, Prinzessinnen, Feen, Zauberer, Hexen und mutige Bäcker auf wundersamen Reisen, die nicht selten im goldenen Glanz des Herbstes beginnen. Ob es um die Zutaten für besondere Kuchen, misslungene Zaubertränke oder gefährliche Räuberwälder geht – stets sind auch Teelöffel im Spiel, und manch einer scheint verborgene Kräfte in sich zu tragen.

Lass dich in eine Welt voller Magie und köstlicher Düfte entführen, in der der Herbst seine schönsten Farben zeigt und süße Leckereien immer wieder zum Mittelpunkt der Geschichten werden. Mit jeder Seite erwartet dich ein neues Abenteuer – mal humorvoll, mal geheimnisvoll, aber immer herzerwärmend.

Christian Peitz (Jahrgang 1974) ist Diplom-Pädagoge und lebt im Münsterland. Seit vielen Jahren ist er als Autor und Hörspiel-Produzent tätig. Weit über 250 seiner Märchenhörspiele wurden im Kulturradio des RBB gesendet.

Christian Peitz

Teelöffelmärchen

Rührende Geschichten voller Magie

TimpeTe.

Märchenverzeichnis

Für Tabea.

Überarbeitete Neuausgabe der „Teelöffelmärchen“ (2010).
Christian Peitz, Lüdinghausen.
Illustrationen: Tabea Peitz, Lüdinghausen.
Herstellung: Books On Demand GmbH. Norderstedt.
Verlag: TimpeTe, Lüdinghausen.

ISBN 978-3-944055-31-2

www.timpete.de

Märchen mit Teelöffeln

Graf Espenlaub

Es war einmal ein Graf Espenlaub, der war sehr reich und hatte fast alles, was er brauchte, um ein angenehmes Leben zu führen: So besaß er unter anderem ein kleines Schloss auf dem Lande mit einem prachtvollen und sehr gepflegten Garten. Darin gab es wundervolle Blumen, mächtige alte Bäume und ein großzügiges Gemüsebeet. Im Schloss lebte er zusammen mit seinem Dienstpersonal.

Graf Espenlaubs Leben aber war trotz dieser Annehmlichkeiten alles andere als angenehm, denn er hatte ständig vor irgendetwas Angst. Ob es ein bewegter Vorhang war oder ein Knacken im Holz, eine Maus im Garten oder eine Spinne an der Wand: Bereits Kleinigkeiten genügten, um den Grafen zu ängstigen und ihn aus der Fassung zu bringen.

„Hilfe!“, rief Graf Espenlaub eines Tages wie so oft. „Da war doch ein Schatten! Was war das denn? Ein wildes Tier? Oder ein Gespenst?“

„Jetzt beruhigen Sie sich erst einmal“, sagte Fräulein Luise. „Möchten Sie vielleicht einen heißen Tee aus Ihrer Lieblingstasse trinken?“

Graf Espenlaub seufzte, wirkte aber nun ein wenig ruhiger, wie so oft, wenn Fräulein Luise da war und sich seiner Sorgen annahm. Fräulein Luise war die Hausdame, die sich um alles kümmerte, vor allem darum, dass das übrige Dienstpersonal seine Arbeit gut erledigte.

„Ja, ich hätte gerne einen Tee!“, antwortete der Graf. „Aber nicht so gerne aus meiner Lieblingstasse. Wenn sie herunterfallen und zerbrechen würde, dann wäre das eine Katastrophe. Das gilt es zu vermeiden. Und auch bitte ich, den Tee nicht zu heiß zu servieren. Es wäre sehr unangenehm, wenn ich mir beim Trinken den Mund verbrenne."

Und als ob es nicht sowieso schon schlimm genug war, brachte der Herbst noch einmal besondere Überraschungen mit sich, auch wenn die bunte Färbung des Laubs zunächst einmal für Verzückung sorgte, zumindest bei Fräulein Luise.

Sie geriet immer wieder ins Schwärmen: „Es gibt nichts Schöneres als den Herbst, wenn die Blätter so schön bunt sind und die Sonne allem einen goldenen Glanz verleiht. Es ist die Zeit der reifen Äpfel und die der Kürbisse."

Graf Espenlaub jedoch war weniger begeistert. „Bunte Blätter mögen schön sein", meinte er. „Aber sind sie erst einmal bunt, dann fallen sie auch schnell zu Boden und alles wird etwas trostlos."

Fräulein Luise versuchte, den Grafen mit frisch gebackenem Apfelkuchen zu erfreuen. Und das schien auch erst einmal gut zu gehen. Jedenfalls aß er genüsslich und leckte sich anschließend die Finger.

„Also der Apfelkuchen war wirklich köstlich!", schwärmte er und fügte hinzu: „Vielleicht ist der Herbst doch nicht ganz so schlimm, wie ich manchmal denke."

Als er sich aber vom Esstisch entfernte, sah er aus dem Augenwinkel eine kleine dunkle Gestalt, die unvermittelt in den Raum huschte. Es war ein winziges Männlein, das flink auf den Tisch kletterte und dann auf den Kuchenteller des Grafen hüpfte.

„Oh, frischer Apfelkuchen!", ertönte seine kleine Stimme. „Wie überaus köstlich."

Wie ein kleiner Wirbelwind fegte das Männlein den Teller leer, verschlang die übriggebliebenen Krümel und verschwand so schnell, wie es gekommen war.

„Hilfe! Was war das denn?“, rief der Graf. Er zitterte ... nun ja ... wie Espenlaub, und vielleicht hieß er ja sogar seines Zitterns wegen so.

Fräulein Luise jedenfalls hatte ihn nicht gehört, sondern kam einige Augenblicke später in den Raum, um den Teller abzuholen, wie sie es immer tat.

„Na, Herr Graf, hat der Kuchen geschmeckt?“, fragte sie. Dann merkte sie, dass der Graf blass war und die Augen weit aufgerissen hatte. „Aber was ist denn mit Ihnen los?“

Der Graf erzählte es, so gut er konnte. Es dauerte eine Weile, bis Fräulein Luise verstanden hatte. „Das könnte vielleicht ein Kobold gewesen sein“, mutmaßte sie. Aber ganz sicher war sie da nicht.

Für den Grafen war allein die Vorstellung eines Koboldes ein Alptraum. Obgleich bald wieder alles im gewohnten Trott lief, war er in den folgenden Tagen noch unruhiger als sonst und vermutete hinter jeder Tür und jedem Vorhang einen Kobold. Fräulein Luise versuchte immer wieder, ihn zu beruhigen.

„Ach, es ist doch alles in bester Ordnung“, sagte sie und schenkte ihm ein Lächeln.

Der Graf jedoch traute der Situation nicht. „Fräulein Luise“, sagte er. „Ich sehe das anders. Ich bin sehr in Sorge, dass der Kobold wiederkommt!“

„Vielleicht war es aber auch nur Einbildung, Herr Graf“, sagte sie, weiterhin lächelnd. „Vielleicht hat ihre Fantasie Ihnen einfach einen Streich gespielt! So etwas soll vorkommen.“

Zur allgemeinen Beruhigung der Nerven, und auch weil es sich im Herbst einfach anbot, wurde wieder ein Kuchen gebacken. Diesmal ein Nusskuchen. Und als Fräulein Luise dem Grafen ein ordentliches Stück davon servierte, noch warm und mit einem Schlag frischer Sahne, da schien er sich tatsächlich zu beruhigen und nahm am Esstisch Platz. Er sog den Duft ein und schloss für einen Moment die Augen.

„Das duftet wirklich sehr köstlich“, sagte er und ein kaum merkliches Lächeln huschte über sein Gesicht. „Sind denn die Nüsse fein gemahlen, sodass man sich daran nicht verschlucken kann?“

„Aber selbstverständlich, Herr Graf!“

So kostete er vom Kuchen, während Fräulein Luise dafür sorgte, dass das Personal die Küche sauber und ordentlich hielt.

„So liebe Leute, vielen Dank fürs Backen“, sagte sie und führte fort: „Jetzt heißt es aufräumen und spülen. Jeden Teller zweimal, jede Gabel dreimal. Alles muss funkeln und glänzen, als wäre es neu. Ihr wisst ja, dass der Graf sehr in Sorge ist, dass etwas dauerhaft verschmutzt bleibt, verloren geht oder beim Spülen Schaden nimmt. Daher heißt die oberste Regel: ...“

Das Küchenpersonal ergänzte: „Sorgfalt, Sorgfalt, Sorgfalt.“

Niemand wagte es auch nur zu niesen. Und in der Tat war erst ein einziges Mal etwas passiert: Eine Gabel war heruntergefallen. Die musste dann elfmal gespült werden, ehe der Graf sie für eine weitere Verwendung akzeptierte.

Während die Küche so langsam wieder in den gewünschten Zustand versetzt wurde, beendete der Graf genüsslich sein Stück Kuchen.

„Ach, das hat gut getan“, sagte er zu sich selbst und seufzte zufrieden.

Dann tupfte er seinen Mund mit der Serviette ab, wie sich das gehörte, und erhob sich vom Tisch. Ein komisches Gefühl brachte ihn dazu, sich noch einmal umzudrehen. Genau in diesem Moment kam das kleine Männlein wieder und stürzte sich auf den Teller.

„Ah“, jubelte es. „Es gibt Nusskuchen! Mit Sahne!!!“

Es naschte erfreut und wieder rasend schnell die verbliebenen Krümelchen, wobei es zwischendurch auch immer ein wenig von den Restspuren der Sahne ableckte.

„Nichts geht über frische Schlagsahne“, rief es. „Wie großartig ist das denn?“

Auch wenn der Graf dem Männlein in Gedanken zustimmte, war er von zwei Störungen ergriffen. Zum einen von panischer Angst, und zum anderen von der Frage, wie vieler Spülgänge es bedurfte, ehe ein von einem Kobold abgeleckter Teller wieder verwendbar war. Als Fräulein Luise nach dem Grafen sah, stand er da wie vom Donner gerührt.

„Herr Graf“, entfuhr es ihr. „Was hat sich denn hier zugetragen?“

Der Graf erzählte es kreidebleich und zitternd. „Ich habe den Kobold gesehen. Dort auf dem Teller. Er naschte Kuchenkrümel und Sahne. Und dann verschwand er wieder!“

„Einen Tee für den Grafen!“, rief Fräulein Luise in Richtung Küche, und zu ihm sagte sie bemüht tröstlich: „Tee wird helfen!“

Doch es klang so, als ob sie selbst nicht mehr daran glaubte. Es war, wie es war. Der sowieso von Angst geplagte Graf fühlte sich in seinem eigenen Schloss nicht mehr sicher, und so entwickelte er das Verlangen nach einem Raum, in dem er geschützt wäre. So begab er sich in sein Schlafzimmer.

„Fräulein Luise“, sagte er. „Ich werde zur Sicherheit die Tür abschließen. Nur Sie dürfen zu mir kommen. Als geheimes Zeichen bitte ich, dreimal langsam zu klopfen. Sonst werde ich die Tür nicht öffnen.“

So schloss der Graf sich in seinem Schlafzimmer ein. Es war bereits später Nachmittag, und die Dunkelheit breitete sich langsam über Schloss und Garten aus. Der Graf zündete eine Kerze an, ganz vorsichtig und mit gebührendem Abstand zu allem Brennbaren. Bald schon packte ihn erneut das Grauen. Als er aus dem Fenster schaute, sah er in der Dunkelheit einen leuchtenden Kürbis. Das war zu viel!

Ganz tief in seinem Inneren entwickelte sich ein Unbehagen, das so mächtig war, dass es dem Grafen nicht gelang, es zu unterdrücken. Es bahnte sich seinen Weg bis in den Mund, der sich dann öffnete und es als mächtigen Schrei in die Welt hinaus entließ.

Fräulein Luise eilte umgehend herbei und klopfte wie vereinbart dreimal ganz langsam.

„Was ist denn los?“, fragte sie.

„Fräulein Luise, sind Sie es?“, fragte der Graf durch die nach wie vor verschlossene Tür.

„Ja, ich bin es!“, bestätigte sie mit ihrer beruhigenden Stimme.

Zögerlich entsperrte der Graf die Tür und ließ sie ein.

Es war nicht erforderlich, etwas zu sagen, denn Fräulein Luise schaute aus dem Fenster und hatte angesichts des leuchtenden Kürbisses erstmals selbst das Gefühl, dass hier etwas nicht mit rechten Dingen zugehen konnte. Dem Grafen holte sie, damit er sich beruhigte, ein paar Kekse und etwas warme Milch.

Dann begab sie sich nach draußen in den Schlossgarten, genau dahin, wo die Kürbisse wuchsen. Bald erreichte sie den leuchtenden Kürbis und entdeckte ein Loch an der Seite. War das etwa eine Tür? Fräulein Luise näherte sich langsam und schaute durch das Loch in den Kürbis hinein. Der war tatsächlich ausgehöhlt, und es gab darin eine kleine leuchtende Laterne und so etwas wie ein Bett. Der Herr dieses sonderbaren Hauses war zwar nicht anzutreffen, doch es konnte sich wohl um kaum jemand anderen als den Kuchenkrümelnascher handeln. Ein erneuter Aufschrei des Grafen unterbrach Fräulein Luise.

Sie eilte zurück. Auf den ersten Blick schien das Zimmer des Grafen in Ordnung zu sein. Der Keksteller stand leergegessen auf dem Nachttischchen. Der Graf aber lag zusammengekauert unter dem Bett.

„Er hat die Kekskrümel gegessen", berichtete er fassungslos.

„Und er wohnt wohl draußen in dem Kürbis", ergänzte Fräulein Luise.

„Ich glaube, ich werde ohnmächtig", meinte der Graf.

Doch Fräulein Luise protestierte: „Nein, Herr Graf! Das werden Sie nicht! Sie stehen jetzt auf! Lagebesprechung!"

Man setzte sich an einen Tisch, und die Hausdame sagte: „Unser Kobold kommt immer dann zum Vorschein, wenn es süßes Backwerk gibt. Er tut eigentlich nichts Böses. Er nascht nur die Krümelchen!"

Das konnte der Graf so nicht stehenlassen: „Naja! Nichts Böses? Das Krümelessen ist erschreckend! Und Diebstahl ist es genaugenommen auch!"

„Morgen stellen wir ihm eine Falle", sagte Fräulein Luise bestimmt. „Was für einen Kuchen sollen wir denn für ihn backen?"

Und weil der Graf sich zu keiner Entscheidung durchringen konnte, gab es Kürbiskuchen mit Zimt und Mandeln. Dazu Schlagsahne. Die Hausdame und der Graf speisten gemeinsam. Das war viel sicherer. Allerdings tat sich der Graf mit dem Essen schwer. Immer wieder schaute er sich um. Kalter Schweiß stand ihm auf der Stirn. Heute war selbst Fräulein Luises Lächeln wirkungslos. Und auch auf ein Gespräch konnte sich der Graf nicht einlassen. Als dieser beängstigende Kuchenschmaus beendet war, man hatte reichlich Krümelchen übriggelassen, verabschiedete der Graf sich ungewohnt eilig, um in seiner Bibliothek ein wichtiges Buch zu lesen.

„Ich werde inzwischen abräumen“, sagte Fräulein Luise so laut, dass es nicht nur der Graf hören konnte. „Aber erst in fünf Minuten!“

Sie wandte dem Tisch den Rücken zu, und noch ehe sie blinzeln konnte, hörte sie ganz leise trappelnde Schritte.

„Oh, Kürbiskuchen!“, war die Stimme des Männleins zu vernehmen. „Und ich rieche den Zimt!“

Das Männlein war so aufgeregt, dass es auf dem Weg zum ersehnten Kuchenteller über einen Teelöffel stolperte und der Länge nach hinfiel.

Genau in dem Moment drehte Fräulein Luise sich wie der Blitz um und stülpte einen alten Vogelkäfig über das Männlein. Den hatte sie eigens für diesen Moment bereitgestellt.

„Habe ich Dich!“, sagte sie triumphierend.

„Oh nein!“, gab das erschrockene Männlein zurück. „Lass mich raus! Bitte!“

Davon aber wollte Fräulein Luise nichts wissen. Sie beäugte ihren Gefangenen ganz genau.

„So, Herr Kobold!“, sagte sie. „Dann wollen wir doch mal sehen.“

Das Männlein protestierte: „Aber ich bin doch kein Kobold!“

Fräulein Luise hatte den Eindruck, dass es die Bezeichnung Kobold nicht nur als falsch, sondern sogar als kränkend empfunden hatte, denn das Männlein drehte sich mit vor der Brust verschränkten Armen zur Seite. Kobold oder nicht, es saß nun im Käfig und konnte ihn ohne Hilfe nicht verlassen. Fräulein Luise lief in die Bibliothek, um den Grafen zu holen.

„Vielleicht sollten Sie sich in diesem Fall ihrer Angst stellen“, meinte sie. Der Graf jedoch schüttelte den Kopf. Da nahm sie seine Hand und führte ihn behutsam, aber bestimmt in das kleine Esszimmer. Der Graf betrat es mit geschlossenen Augen. Zunächst blinzelte er, dann öffnete er langsam seine Augen. Das Männlein, das seine Hände um zwei Gitterstäbe geschlossen hatte und der Graf, dessen Augen nun weit aufgerissen waren, standen einander gegenüber und starrten sich an.

Der Graf suchte nach Worten: „Der Kobold ist, ... also er hat ... Oje. Er sieht so traurig aus.“

Fräulein Luise nickte, und so langsam hatte sie das Gefühl, die Situation gemeistert zu haben.

„Ja, und er sagt, er ist kein Kobold“, sagte sie.

„Nicht?“, fragte der Graf. „Was ist er dann?“

Da war auf einmal eine weitere kleine Stimme zu hören.

„Herbert!“, rief sie. „Herbert!!!“

Eine kleine Frau marschierte in den Raum.

„Da ist ja noch ein Kobold“, bemerkte der Graf und vergaß in diesem Moment, Angst zu haben.

Das Männlein im Käfig jedoch hob seinen Blick.

„Lieselotte!“, rief es. „Hätte ich mal nur auf Dich gehört.“

Graf und Hausdame sahen die beiden verdutzt an.

„Verzeihen Sie, liebe Leute“, sagte die kleine Frau. „Würden Sie ihn bitte freilassen? Er ist mein Mann!“

„Ich glaube, wir haben eine Erklärung verdient“, sagte Fräulein Luise.

So ließ sie Kaffee bringen, dazu zwei Tassen und zwei Fingerhüte. Kuchen war auch noch da, und somit waren gute Voraussetzungen geschaffen, alles einmal gründlich zu besprechen. Staunend lauschte der Graf also der Geschichte der kleinen Frau.

„Wir sind Heinzelmännchen und haben jahrelang in einer Kuchenbäckerei gelebt und heimlich in der Backstube geholfen. Aber der Bäcker ist alt und die Backstube geschlossen. Seit mein Mann arbeitslos ist, hat er nur noch Flausen im Kopf.“

„Flausen“, wiederholte der Graf. „Das kann man wohl sagen. Ihr werter Gatte hätte mich fast zu Tode erschreckt.“

„Das bedauere ich zutiefst“, sagte Lieselotte. „Eigentlich ist er ein herzensguter und sehr fleißiger Heinzelmann.“

„Naja“, meinte der Graf. „Wenn Ihnen Arbeit fehlt, finden wir vielleicht eine vernünftige Lösung. Das ist ja so kein Zustand. Und Arbeit gibt es immer reichlich. Vor allem in der Küche. Ich muss nur gleich erwähnen, dass es hier sehr reinlich zugeht. Das Ablecken von Tellern verbietet sich daher.“

„Herbert!“, schimpfte Lieselotte. „Du hast doch nicht etwa einen Teller abgeleckt?“

Herbert senkte seinen Blick.

Fräulein Luise war erstaunt über die Worte des Grafen. Sie hatte mit vielem gerechnet, nicht aber damit, dass er den Heinzelmännchen eine Arbeit anbot. Und es kam noch besser.

„Eine vernünftige Unterkunft brauchen Sie auch“, setzte der Graf seine Überlegungen fort. „Im Dienstbotentrakt. Das mit dem Kürbis geht so nicht weiter. Mit jedem Blick aus dem Fenster bekommt man es mit der Angst zu tun."

Da waren die beiden Heinzelmännchen sehr ergriffen.

„Eigentlich arbeiten Heinzelmännchen nur im Verborgenen", sagte Herbert.

„Das stimmt", bestätigte Lieselotte. „Die Bäckersleute haben uns nie zu Gesicht bekommen."

„Das wäre mir eigentlich auch lieber", sagte der Graf. „Ich bin manchmal ein klein wenig schreckhaft. Aber jetzt kennen wir uns ja, und was mich angeht, müssen Sie gar nicht immer verborgen sein."

„Danke sehr, Herr Graf", sagten Lieselotte und Herbert wie aus einem Munde. Und in diesem Moment gab der Graf, als ob es weiter nichts wäre, dem Heinzelmännchen und seiner Frau die Hand, also besser gesagt den kleinen Finger.

„Dass ich das noch erleben darf", gab Fräulein Luise ihrer Rührung Ausdruck und reichte ihren kleinen Finger ebenfalls.

Es war nun nicht so, dass die Ängste des Grafen damit ganz verschwunden wären, aber er bemühte sich doch sehr, ein wenig gelassener durchs Leben zu gehen. Und hin und wieder gelang ihm das sogar. Zudem zeigte sich bald, dass es sehr angenehm war, Heinzelmännchen im Haus zu haben.

Bogen, Rätsel, Schokokuchen

Es waren einmal zwei benachbarte Königreiche, und der Zufall wollte es, dass die beiden Königinnen am selben Tag Töchter zur Welt brachten. Und auch wenn die Königreiche im Vergleich zu anderen nicht besonders reich waren, wuchsen die Mädchen zu fröhlichen Prinzessinnen heran. Im linken Königreich lebte die Prinzessin Annabelle. Sie entwickelte eine große Leidenschaft für das Bogenschießen. Im rechten Königreich war Prinzessin Regina zu Hause, die das Rätselraten liebte.

Und gar nicht weit entfernt lebte der Baron von Pfauenstein-Auerbach, und der war so unglaublich reich, dass man es kaum glauben kann.

„Hofmeister“, rief er eines Tages. „Dein Erscheinen ist erforderlich.“

Der Hofmeister beeilte sich und stand ein Augenzwinkern später vor ihm.

„Was gibt es, Herr Baron?“, japste er.

„Es gibt etwas, worüber dringend gesprochen werden muss“, meinte der Baron. „Mein Gold nämlich!“

Weil zu der Zeit weder Sparbücher noch Geldscheine erfunden waren, besaß er Unmengen von Goldmünzen. Es waren so viele, dass es immer wieder Schwierigkeiten mit der Aufbewahrung gab.

„Alle zwölf Schatzkammern sind voll“, berichtete er. „Da aber die Geschäfte gut laufen, wird immer wieder neues Gold gebracht. Was ich nun brauche, ist zusätzlicher Platz für mein

Gold. So drei bis vier Schatzkammern müssen angebaut werden."

Der Hofmeister bestellte einen Architekten, der zeichnete einen Entwurf und ließ dann Bauarbeiter kommen. Einige Wochen wurde gebaut, dann sprach der Hofmeister beim Baron vor.

„Die vier neuen Schatzkammern sind gebaut, Herr Baron. Brauchen sie sonst noch etwas?"

Diese Frage brachte den Baron ins Nachdenken. Es war das Wort *brauchen*, das ihm Kopfzerbrechen bereitete.

„Das meiste, das ich brauche", meinte er, „kann ich mir kaufen. Was man aber nicht kaufen kann, ist die Liebe."

Und dann seufzte er, und der Hofmeister zog sich leise zurück.

Wie der Zufall so spielte, entschlossen sich gerade zu der Zeit die Prinzessinnen Annabelle und Regina, Turniere zu veranstalten, um auf diese Weise ihre zukünftigen Ehemänner zu finden. Das war üblich zu der Zeit.

Prinzessin Annabelle veranstaltete ihr Turnier am Samstag.

„Wer mich heiraten möchte", verkündete sie, „muss mit dem Bogen schießen können. Der Pfeil muss genau ins Schwarze treffen."

Prinzessin Reginas Turnier fand am Sonntag statt.

„Wer mich heiraten möchte", gab sie bekannt, „muss ein schlaues Köpfchen haben und in der Lage sein, schwierige Rätsel zu lösen."

Die Nachricht der beiden Turniere verbreitete sich in der Umgebung und erreichte auch den Baron von Pfauenstein-Auerbach. Der Hofmeister überbrachte ihm die entsprechenden Rundschreiben:

„So, Herr Baron. Hier die Ankündigungen zu den Turnieren der Prinzessinnen Annabelle und Regina.“

Der Baron lächelte, als er sie entgegen nahm.

„Eine Prinzessin wäre schon mal nicht schlecht als Braut für mich“, sagte er. „Und um meine Chancen zu vergrößern, nehme ich an beiden Turnieren teil.“

Dann las er die Rundschreiben gründlich. Die Anforderungen waren klar beschrieben, so bereitete er sich auf seine Weise auf die Turniere vor.

Dann kam der Samstag. Etwa hundert Bewerber waren gekommen, um sich um die Prinzessin Annabelle zu bemühen. Jeder hatte seinen eigenen Bogen dabei. Ehrensache. Manch einer hatte seinen Bogen sogar selbst gebaut.

Der Baron rümpfte die Nase. Er schätzte die Bögen der anderen als nicht so gut ein.

„Zum Glück habe ich etwas Geld“, dachte er bei sich. „Mein neu gekaufter Visierbogen verfügt über eine großartige Zielhilfe. Damit ist man sehr viel treffsicherer.“

Kein anderer hätte sich einen solchen Bogen leisten können, und so wundert es nicht, dass die anderen Bewerber nach und nach ausschieden und der Baron von Pfauenbach-Auerbach das Bogenschießen gewann.

Prinzessin Annabelle nickte anerkennen und trat auf den Sieger zu. Dabei war sie ziemlich aufgeregt, immerhin sollte er bald ihr Ehemann werden.

„Ich bin Prinzessin Annabelle“, stellte sie sich vor. „Und Du bist anscheinend mein Zukünftiger.“

Sie lächelte, doch dann wunderte sie sich.

„Darf ich den Bogen einmal sehen? Der ist ja ganz anders als meiner.“

„Sehen darfst Du ihn“, sagte der Baron. „Aber der war teuer, deshalb darf niemand außer mir damit schießen. Und wegen unserer Hochzeit: Ich habe erst noch einen wichtigen Termin. Wir reden am Montag darüber, komm doch um elf Uhr in mein Schloss.“

Er überreichte ihr eine Visitenkarte und verabschiedete sich.

„Ähm, na gut“, sagte Prinzessin Annabelle, hatte aber ein sonderbares Gefühl im Bauch.

In dieser Nacht lag der Baron sehr zufrieden in seinem Bett.

„Wenn ich das andere Turnier auch gewinne, kann ich mir die Prinzessin aussuchen.“

Dann schlief er ein und träumte von seiner Hochzeit.

Am nächsten Morgen nach dem Frühstück wurde er beim zweiten Turnier vorstellig. Auch zu Prinzessin Regina waren hundert Bewerber gekommen, und alle lauschten der Prinzessin aufmerksam, als sie verkündete: „Es soll derjenige mein Gemahl werden, der mir als erster sagen kann, wie das Rätsel der Sphinx lautet. Und die passende Lösung möchte ich auch wissen.“

So begann das große Nachdenken. Manch einer setzte sich auf einen Baumstumpf, andere gingen auf und ab. Der Baron aber hatte sich gut vorbereitet.

„So etwas darf man einfach nicht dem Zufall überlassen“, dachte er bei sich. Er hatte sich ein wunderbares Buch gekauft. Mit Goldschnitt und außerordentlich wertvoll. Es hieß: *Tausend berühmte Rätsel und wie man sie lösen kann.* Kein anderer Bewerber hatte ein solches Buch mitgebracht. Dieses hätte sich ohnehin niemand leisten können.

Er begab sich hinter einen dicht gewachsenen Strauch, wo ihn niemand sehen konnte, und blätterte in dem Buch, bis er fand, was er suchte.

Schließlich trat der Baron mit einem breiten Lächeln auf Prinzessin Regina zu: „Nun denn, ich möchte lösen!"

„Ich höre", sagte die Prinzessin neugierig.

„Das Rätsel lautet", verkündete der Baron. „Wer geht am Morgen auf vier Beinen, am Mittag auf zweien und am Abend auf dreien?"

Prinzessin Regina nickte anerkennend: „Das ist schon einmal richtig. Und die Lösung?"

„Es ist der Mensch", sagte der Baron. „Am Morgen ist er quasi ein Baby und krabbelt. Danach geht er auf zwei Beinen, und wenn er alt ist, am Lebensabend, geht er mit Stock."

Prinzessin Regina lächelte zwar, spürte aber nicht das Kribbeln im Bauch, von dem Verliebte immer berichteten.

„Tja", sagte sie etwas verhalten. „Dann bist Du, wie es aussieht, wohl mein Gemahl. Aber sag mal: Was ist denn das für ein Buch, das Du bei Dir trägst?"

Der Baron drückte es fest an sich. „Ein teures", sagte er, „in dem nur ich lesen darf. – Ach, sei so gut und komm morgen um elf in mein Schloss, wir reden dann über alles."

Er überreichte ihr eine Visitenkarte und verabschiedete sich. Prinzessin Regina zuckte mit den Schultern.

Am nächsten Morgen aber, um elf Uhr, kamen wie bestellt die Prinzessinnen Annabelle und Regina. Der Hofmeister führte sie zum Baron.

„Herr Baron?", sagte er. „Die angekündigten Prinzessinnen sind eingetroffen!"

Der Baron lächelte ihnen entgegen. „Ah, da seid Ihr ja. Ich habe beide Turniere gewonnen und damit zwei Prinzessinnen zum Heiraten, nämlich Euch."

„Aber wie soll das denn gehen?", fragte Prinzessin Annabelle.

Der Baron lächelte weiter: „Ich weiß noch nicht, für welche von Euch ich mich entscheiden soll. Deshalb habe ich mir ein Turnier überlegt. Es gibt drei Wettbewerbe, und wer am Ende mindestens zwei davon gewonnen hat, wird meine Gattin."

„Wie bitte?", fragte Prinzessin Regina entsetzt.

Auch Prinzessin Annabelle war wenig begeistert. „Es ist unglaublich, wie mit einem umgegangen wird."

Der Baron schüttelte den Kopf: „Na ja, ich musste mich ja nun auch im Turnier beweisen. Jetzt drehe ich den Spieß um. Und der erste Wettstreit lautet: Münztürmchen bauen. Das ist für mich etwas ganz besonders Wichtiges."

Jede Prinzessin wurde in eine Kammer geführt, in der es einen Tisch und eine große Menge Münzen gab. Die sollten nun sauber zu stabilen Türmchen aufgeschichtet werden.

„Wer als erster fertig ist!", sagte der Baron grinsend und ließ die beiden allein.

Beide Prinzessinnen gaben sich alle Mühe, hohe und stabile Münztürmchen zu bauen. Anfangs ging es gut, aber ab einer gewissen Höhe wurden die Türmchen wackelig und stürzten ein. So mussten sie es immer wieder und wieder versuchen. Am Ende war Regina als erste fertig. Ihr Türmchen war einigermaßen vorzeigbar, während Annabelles Bauwerk ein weiteres Mal einstürzte.

„Jetzt muss ich mir erst mal die Finger waschen?", merkte Regina an.

„Wieso das? Geld stinkt nicht!", sagte der Baron und lachte.

Beide Prinzessin jedoch bestanden darauf, sich vor einem zweiten Wettbewerb die Hände waschen zu können. Der Hofmeister führte sie in den vornehm eingerichteten kleinen Waschraum für Gäste.

Der zweite Wettbewerb knüpfte schließlich nahtlos an den ersten an.

„Genauso wichtig wie das Bauen von Münztürmchen", sagte der Baron, „ist das Schatzkammerabschließen. Im Moment habe ich sechszehn Schatzkammern. Und: Oh Schreck! Alle Türen stehen offen. Da könnte jetzt ein Dieb kommen und mich schwer ausrauben. Daher bekommt jede von Euch die Verantwortung für acht Türen. Jede Tür ist mit drei Schlössern zu sichern. Na? Was macht drei mal acht?"

„Vierundzwanzig!", antwortete Prinzessin Regina.

„Sehr richtig", entgegnete der Baron und nickte. „Diejenige, die als erste alle Türen verschlossen hat, hat also den zweiten Wettbewerb gewonnen. Los geht's!"

Die beiden Prinzessinnen spurteten los, knallten die Türen und schlossen sie ab. Das dauerte eine Weile, weil zu jedem Schloss der passende Schlüssel gesucht werden musste.

Inzwischen wandte sich der Hofmeister an den Baron: „Eine kleine Bemerkung meinerseits, wenn Sie erlauben", sagte er. „Wir steuern hier unmittelbar auf ein gebrochenes Herz und eine traurige Prinzessin zu. Das wäre nicht gut für Ihren Ruf!"

Und während der Baron über die Worte seines Hofmeisters nachdachte und sich eine Lösung überlegte, kam der zweite Wettbewerb zum Ende. Diesmal war Prinzessin Annabelle etwas schneller.

„Eins zu eins", jubelte der Baron. „Es bleibt also spannend! Und weil Ihr mir, das kann ich schon sagen, beide so gut gefallt, habe ich mir etwas überlegt. Die Verliererin bekommt eine Schatztruhe voll Gold. Als Trostpreis. Dann muss sie nicht so traurig sein."

Prinzessin Annabelle verdrehte die Augen: „Das ist überaus freundlich."

„Nicht wahr?", meinte der Baron. „Der letzte Wettbewerb hat nun nichts mit meinem Geld zu tun. Nebenher, ich gebe es offen zu, bin ich nun mal auch ein Leckermäulchen. Es wird also diejenige meine Braut, die den besten Schokokuchen backen kann. Los geht's, ich freue mich schon."

Die Prinzessinnen wuschen sich abermals die Hände, um sich dann in die Küche zurückzuziehen.

„Vorfreude ist doch etwas Wunderbares", meinte der Baron zu sich selbst. „Ich bekomme nicht nur zwei Schokoladenkuchen, sondern am Ende sogar eine Braut. Und die andere Prinzessin ..." Er dachte nach. „Hofmeister!"

Die Tür öffnete sich, und der Hofmeister trat ein.

„Ja, Herr Baron?"

„Bitte sei so gut", sagte der Baron, „und hol den Esel aus dem Stall. Du weißt schon: den, der so oft krank war. Da ich keine Lust mehr habe, Tierarztrechnungen zu bezahlen, verschenken wir den. Und binde ihm doch eine Kiste Gold auf den Rücken. Für die Verliererin. Eine kleine Kiste dürfte genügen!"

Während der Hofmeister die Aufgabe des Barons erfüllte, breitete sich ein wunderbarer Kuchenduft aus. Und einige Minuten später öffnete sich die Küchentür. Prinzessin Annabelle trat mit einem Lächeln und einem Schokoladenkuchen ein.

„Bitte sehr!", sagte sie. „Und guten Appetit!"

Der Kuchen duftete fantastisch. Prinzessin Annabelle hatte ein ordentliches Stück für den Baron abgeschnitten und dazu eine großzügige Portion Schlagsahne auf dem Teller untergebracht.

„Ich binde mir schnell eine Serviette um“, beeilte sich der Baron zu sagen, „damit ich das Hemd nicht beschmutze. Das war nämlich teuer. Wobei: Nicht so teuer wie die goldenen Manschetten-Knöpfe.“

Dann stach der Baron mit seiner Gabel in den Kuchen, tauchte das abgetrennte Stück in die Sahne und führte beides in den Mund.

„Und? Wie schmeckt er?“, fragte Annabelle, obwohl man es dem Baron bereits ansehen konnte.

„Sehr gut“, sagte er und aß weiter. „Da wird es der zweite Kuchen schwer haben, im Vergleich.“

Am Ende nahm er seinen Teelöffel und kratzte damit jeden kleinen Krümel und auch den letzten Tupfer Schlagsahne von seinem Teller. Der glänzte so sauber, dass man ihn fast zurück in den Schrank hätte stellen können. Dann legte der Baron den Teelöffel beiseite, klopfte sich auf den Bauch und grinste.

„Das war sehr schmackhaft, aber es passt schon noch ein zweites Stück. Prinzessin Regina, wenn ich bitten darf.“

Die Küchentür öffnete sich und Prinzessin Regina trat ein.

„Nun ist es aber so“, sagte sie, „dass wir den Kuchen gemeinsam für Dich gebacken haben. Wir kennen uns schon lange und haben viele Kuchen zusammen gebacken. Das bedeutet, dass es einen zweiten Kuchen nicht gibt. Vom ersten aber kannst Du natürlich noch ein zweites Stück bekommen. Auch ein drittes, wenn Du magst.“

Da saß der Baron da mit offenem Mund und wusste ausnahmsweise nichts zu sagen.

„Natürlich wissen wir, dass wir nun beide verloren haben“, sagte Prinzessin Annabelle.

Prinzessin Regina nickte: „Das stimmt, aber es gibt ja den Trostpreis!“

„Richtig“, lächelte Annabelle, „die Kiste voll Gold!“

„Weißt Du was, Annabelle?“, meinte Regina, „die teilen wir uns einfach!“

„Regina, das ist eine gute Idee, so machen wir's!“, bestätigte Annabelle.

Der Baron fand seine Sprache wieder. „Moment! Halt! Stopp!“, rief er.

Doch die Prinzessinnen ließen sich nicht aufhalten. Sie verließen das Schloss des Barons und nahmen auf dem Vorplatz den Esel samt Schatzkiste in Empfang.

„Etwas Vorsicht bei der Pflege“, mahnte der Hofmeister. „Der Esel neigt zur Kränklichkeit!“

Es mag wundern oder nicht: Der Esel wurde nie wieder krank. Und als einige Wochen später die Prinzessinnen neue Turniere veranstalteten, nahm der Baron nicht daran teil.

„Mal ehrlich“, erklärte er seinem Hofmeister. „Eine eingebildete Prinzessin will ich nicht! So sieht‘s aus!“

Einige Wochen später flatterten Einladungen ins Haus, die der Hofmeister dem Baron überbrachte.

„Prinzessin Annabelle feiert ihre Hochzeit am Samstag, und Prinzessin Regina am Sonntag“, erklärte er.

„Ich habe andere Pläne“, meinte der Baron. „Und überhaupt halte ich neuerdings nicht mehr so viel vom Heiraten!“

Die Prinzessinnen aber wurden mit ihren Prinzen sehr glücklich und blieben gute Freundinnen. Und wenn sie nicht gestorben sind, dann leben sie noch heute.

Otto der Ordentliche

Es war einmal ein König, der wurde Otto der Ordentliche genannt. Der hieß so, weil er großen Wert darauf legte, dass sein Königreich einen guten Eindruck machte. Er wollte von anderen Königen bewundert werden. Sie sollten sehen, dass er ein prachtvolles Schloss besaß und über eine starke Armee verfügte. Auch die Straßen sollten in einem guten Zustand sein, und anders als in anderen Ländern durfte nirgends Müll herumliegen. Damit all das gelingen konnte, erfand er viele Berufe, von denen einige mittlerweile in Vergessenheit geraten sind. Andere aber gibt es noch.

„Es geht um klare Zuständigkeiten“, meinte der König. „Alle müssen wissen, was sie zu tun und zu lassen haben.“

„Was soll ich also aufschreiben, oh König?“, fragte wie so oft der königliche Regelaufschreiber.

„Damit wirklich nirgends Müll herumliegt, muss er weggebracht werden“, erklärte Otto der Ordentliche. „Es genügt nicht, dass die Leute ihn verstecken. Darum soll sich fortan die Müllabfuhr kümmern. Das ist ein neuer Beruf: Bediensteter der königlichen Müllabfuhr.“

„Und wo soll der Müll hingebracht werden?“, fragte der Regelaufschreiber.

„Oh! Ja! Guter Punkt“, meinte der König. „Dazu brauchen wir einen Müllberg, der weit weg ist von unseren Dörfern und Städten. Und dort sollen Müllverwalter arbeiten, die den Müll verwalten, der wirklich nutzlos ist. Außerdem brauchen wir

Müllverwerter. Die sollen überprüfen, was man vielleicht noch verwenden kann, wenn man es repariert."

„Alles klar, Majestät, dürfte ich dann für heute gehen?"

„Keinesfalls, Regelaufschreiber", sagte Otto der Ordentliche. „Du musst noch weitere neue Regelungen und Berufe aufschreiben."

„Welche denn?"

„Nun", sagte der König. „Den Schlaglochreparateur, den Straßenfeger und ich brauche unbedingt einen königlichen Kronenpolierer. Schau mal: ein Fettfleck."

Man muss schon zugeben, dass die Ideen von Otto dem Ordentlichen tatsächlich aufgingen. Das Königreich wurde für seine Sauberkeit und Ordnung bewundert, sodass einige seiner Regelungen auch in Nachbarreichen übernommen wurden. Allerdings, und das sah man nach außen nicht, waren die Staatskassen leer, den all das, was veranlasst wurde, kostete viel Geld.

Eines Tages ließ der König einen Soldaten in den Thronsaal kommen. Das tat er hin und wieder, wenn er einen kleinen Auftrag zu vergeben hatte. Der Soldat, der ihn an diesem Tag besuchte, betrat den Thronsaal jedoch nicht strammen Schrittes, wie Otto der Ordentliche es gewohnt war, sondern langsam und hinkend.

„Soldat", sprach der König. „Ich kann nicht umhin, Dein Hinken zu bemerken! Bist Du verletzt?"

„Es ist eine alte Kriegsverletzung, Majestät", antwortete der Soldat und verbeugte sich vor dem König. „Für den Kriegsdienst bin ich leider nicht mehr geeignet, aber die Uniform trage ich gerne und mache mich nützlich, wo ich kann."

„Das weiß ich zu schätzen“, entgegnete Otto der Ordentliche. „Und heute habe ich einen Auftrag, für den Du gut geeignet bist.“

„Den übernehme ich gerne“, sagte der Soldat und verbeugte sich abermals.

„Nun, im Vertrauen gesprochen“, begann der König, „ich plane eine Steuererhöhung, möchte aber vorher prüfen, wie es den Leuten geht. Es liegt mir fern, sie über Gebühr zu belasten. Hier hast Du zwei Taler. Setz Dich in eine Teestube und beobachte. Ach ja, und schick mir, wenn Du gehst, den königlichen Kronenpolierer.“

Der Soldat freute sich über diesen sehr angenehmen Auftrag. So besuchte der die Teestube, in die er ohnehin manchmal ging. Und weil das Wetter schön war, konnte er draußen sitzen und zusehen, wie die Leute an ihm vorbeischlenderten.

„Oh, guten Tag!“, sagte die freundliche Kellnerin, die er schon lange kannte. „Wie geht es heute?“

„Gut“, entgegnete der Soldat, „danke der Nachfrage. Und ich hätte sehr gerne eine Tasse Tee.“

„Die kannst Du bekommen“, meinte die Kellnerin. „Wenn Du aber mal etwas Neues probieren möchtest, dann kann ich Dir auch eine Tasse Kaffee bringen.“

„Kaffee?“, fragte der Soldat. „Was soll das sein?“

„Das ist auch ein Heißgetränk“, erklärte die Kellnerin. „Händler haben aus fernen Ländern Kaffeebohnen mitgebracht. Die werden geröstet, gemahlen und dann mit heißem Wasser zubereitet. Wer mag, kann Milch oder Zucker hinzugeben. – Eine Tasse davon kostet einen Taler, genau wie Tee.“

Der Soldat bestellte also einen Kaffee, denn er war neugierig. Und als der dann duftend vor ihm stand, war er ganz aufgeregt.

Zunächst roch er nur daran. Dann nahm er einen Schluck, gab ein wenig Milch hinzu und probierte ein weiteres Mal.

„Köstlich!“, schwärmte er. „Großartig! Fabelhaft!“

Und als er die Tasse leergetrunken hatte, bestellte er gleich auch noch eine zweite. Er schmeckte das Aroma noch auf der Zunge, als er den Thronsaal betrat, um Bericht zu erstatten.

„Majestät!“, sagte er. „Ihr ahnt ja nicht, was ich erlebt habe.“

„Nun ja! Es muss schon etwas Besonderes gewesen sein“, meinte Otto der Ordentliche. „Du wirkst etwas überdreht!“

„Ich war in der Teestube und habe dort Kaffee getrunken“, erzählte der Soldat.

„Kaffee?“, erkundigte sich der König. „Was soll das sein? Davon habe ich noch nie gehört.“

„Das ist ein Heißgetränk“, erklärte der Soldat. „Händler haben aus fernen Ländern Kaffeebohnen mitgebracht, und daraus macht man ihn. Es ist der neueste Schrei. Allein, wenn man die frisch gerösteten Bohnen riecht, fühlt man sich wie im Schlaraffenland. Die Leute sind begeistert.“

„Oh! Sie sind begeistert?“, freute sich der König. „Dann zahlen sie doch sicherlich auch Geld dafür.“

„Natürlich zahlen sie“, bestätigte der Soldat. „Diesen köstlichen Geschmack will sich doch niemand entgehen lassen.“

„Dann werden sie sicherlich bereit sein, in Zukunft noch ein wenig mehr zu zahlen“, vermutete Otto der Ordentliche. „Ich erhebe also eine Kaffeesteuer. Wenn die Leute den Kaffee so sehr mögen, können sie durch die Kaffeetrinkerei die Staatskasse ein wenig füllen. Wunderbar, ich danke Dir.“

Der Soldat verbeugte sich, und der König bat ihn, den königlichen Regelaufschreiber in den Thronsaal zu schicken.

Als einige Tage später der Soldat nach einem langen Spaziergang die Teestube aufsuchte, freute er sich, sein hinkendes Bein, das an diesem Tag schmerzte, etwas schonen zu können und eine Tasse Kaffee zu trinken.

„Einen Kaffee bitte“, sagte er zur Kellnerin.

„Gerne“, entgegnete diese. „Aber leider kostet der ab sofort drei Taler.“

„Drei Taler?“, fragte der Soldat. „Das ist ja unverschämt. Wie kannst Du nur?“

„Es tut mir leid“, schluchzte die Kellnerin. „Ein Taler ist für den Kaffee, zwei Taler sind für die Kaffeesteuer.“

Der Soldat bestellte sich trotzdem einen Kaffee und versuchte, die niedergeschlagene Kellnerin zu trösten. Danach kam er nur noch selten in die Teestube, weil er sich regelmäßigen Kaffeegenuss nicht leisten konnte. Der Plan des Königs aber ging zunächst dennoch auf. Die Staatskasse füllte sich zwar nicht schnell, aber stetig, wie der königliche Schatzmeister zu berichten wusste. Otto der Ordentliche freute sich, weil seine Idee so gut aufging. Dann aber schüttelte der Schatzmeister den Kopf. Die Einnahmen aus der Kaffeesteuer sanken, und niemand verstand, warum das so war. So ließ der König abermals den Soldaten zu sich kommen.

„Soldat!“, sagte er. „Hier hast Du einen Taler. Geh einen Kaffee trinken und finde heraus, ob alles in Ordnung ist.“

„Mit Verlaub“, sprach der Soldat zögerlich. „Eine Tasse Kaffee kostet inzwischen drei Taler.“

„Drei Taler!“, platzte es aus Otto dem Ordentlichen heraus. „Das scheint mir übertrieben zu sein!“

„Naja“, meinte der Soldat. „Ein Taler für den Kaffee, zwei wegen der Kaffeesteuer.“

„Ach ja, natürlich“, sagte der König. „Na dann: Hier hast Du noch zwei Taler. Genieße Deinen Kaffee, aber halte dabei Augen und Ohren offen.“

Der Soldat freute sich sehr über diesen Auftrag, denn er hatte sich seit Wochen keinen Kaffee mehr geleistet. So ging in die vertraute Teestube und bestellte dort sein Lieblingsgetränk.

„Das macht dann einen Taler“, sagte die freundliche Kellnerin und zwinkerte ihm zu.

„Wieso das?“, wunderte sich der Soldat. „Ich dachte, es ist teurer. Wegen der Kaffeesteuer.“

„Ja“, meinte die Kellnerin. „Wenn ich den Kaffee offiziell und mit Steuersiegel kaufe, dann stimmt das. Aber ...“ Sie schaute sich um und flüsterte dann: „Es gibt auch Kaffeehändler, die mir den Kaffee ohne Steuersiegel verkaufen. Das darf aber niemand wissen.“

„Ich finde es großartig“, freute sich der Soldat. „Dann trinke ich nicht einen Kaffee, sondern drei.“

Später im Thronsaal erstattete er dem neugierigen König Bericht.

„Herr König, Majestät, ich habe etwas herausgefunden“, erzählte der Soldat und schaute sich dann verschwörerisch um. Dann flüsterte er: „Ihr dürft es aber niemandem verraten.“

Der König zog eine Augenbraue hoch. „Ich höre“, sagte er.

„Nun“, berichtete der Soldat, weiter flüsternd. „Ich habe vorhin drei Tassen Kaffee getrunken, denn man bekommt inzwischen auch steuerfreien Kaffee. Das ist viel billiger.“

Als der König das hörte, wurde er zunächst zornig, doch bald schon hatte er eine neue Idee.

„Alle Soldaten“, erklärte er dem königlichen Regelaufschreiber, „die alt oder verletzt sind oder sich sonst für den normalen

Soldatendienst nicht mehr eignen, werden als Kaffeeriecher eingesetzt, um den Schmugglern auf die Spur zu kommen."

„Ob das Eure Beliebtheit dauerhaft steigert, bleibt abzuwarten", meinte der Regelaufschreiber. Er war selbst ein Kaffeeliebhaber.

„Es geht in dieser Finanzkrise nicht um Beliebtheit", erregte sich der König, „sondern um die Staatskasse. Also: Veranlasse das Notwendige."

Der Regelaufschreiber verneigte sich, und die Idee von Otto dem Ordentlichen wurde umgesetzt. Bald schon waren die Straßen voll von Kaffeeriechern. Sie schnüffelten am Gepäck der Leute. Sie schnüffelten an ihrer Kleidung. Und sie gingen in die Häuser und schnüffelten, ob dort Kaffee gekocht wurde. Wenn dies der Fall war, ließen sie sich die Steuersiegel zeigen. Der ein oder andere Kaffeebetrüger wurde ermittelt und musste eine Strafe zahlen. So kam es, dass sich wieder mehr Leute an die Regeln hielten und die Kaffeesteuer zahlten. Die Staatskasse füllte sich wieder.

Unser Soldat war mittlerweile selbst als Kaffeeriecher unterwegs und kam eines Tages in die altbekannte Teestube.

„Guten Tag!", grüßt er und war dabei wegen seiner neuen Aufgabe etwas strenger als sonst. „Gibt es heute steuerfreien Kaffee?"

„Leider nein", entgegnete die freundliche Kellnerin. „Nur welchen für drei Taler."

„Bist Du auch ehrlich?", fragte der Soldat.

„Natürlich", sagte die Kellnerin.

„Es tut mir leid", meinte der Soldat. „Das muss ich überprüfen. Lass mich mal riechen."

Und so durchsuchte er die Teestube und schnüffelte in allen Ecken. Dabei fand er eine Schiebetür, die verdächtig roch.

„Was haben wir denn hier?“, fragte er und schaute grimmig. „Ein Kaffeeversteck? Wenn Du für diesen Kaffee kein Steuersiegel hast, musst Du entweder eine Strafe zahlen oder Du kommst ins Gefängnis.“

Da zwinkerte die freundliche Kellnerin ihm zu: „Oder aber Du bekommst Deinen Kaffee heute einmal kostenlos.“

Da vergaß der Soldat seine neue Aufgabe und lächelte.

„Mit etwas Milch bitte!“

Und so ging das verloren, was dem König beinahe noch wichtiger war als die Steuereinnahmen: die Ordnung. Es gab Kaffeehändler, die ihren Kaffee am Zoll und an der Steuer vorbeischmuggelten, dabei immer neue Wege fanden und nicht entdeckt wurden. Anderen gelang es, sich mit den Kaffeeriechern gut zu stellen, sodass diese ein Auge zudrückten. Andere Kaffeeriecher tranken selbst viel zu gerne Kaffee, um ihre Aufgabe ernst zu nehmen. Einige Kaffeebetrüger, wie der König sie nannte, wurden erwischt und eingesperrt. Da organisierte das Volk Kaffeeproteste, und Otto der Ordentliche verlor die Geduld.

„Kaffeeriecher! Was hast Du zu berichten?“, fragte er eines Tages unseren Soldaten.

„Nichts Besonderes“, sagte dieser und wirkte etwas fahrig. „Im Grunde alles in Ordnung. Nein wirklich!“

Der König ahnte, dass etwas nicht stimmte.

„Wann hast Du denn Deinen letzten Kaffee getrunken?“, fragte er.

„Das muss viele Tage her sein“, meinte der Soldat. „Ich kann mich kaum noch daran erinnern.“

Da ließ der König einen anderen Kaffeeriecher kommen, und zwar einen, der sehr streng war und selbst keinen Kaffee trank.

„Der riecht nach Kaffee, Majestät“, sagte dieser, nachdem er geschnüffelt hatte. „Der hat heute mindestens schon drei Tassen getrunken, und die letzte liegt nicht einmal eine Stunde zurück.“

Und während der strenge Kaffeeriecher ein Lob des Königs erhielt, musste der andere für drei Tage zum Nachdenken in den Kerker. Da gab es nicht einmal Tee, sondern nur Wasser und Brot. Länger als drei Tage konnten die Kaffeebetrüger nicht eingesperrt werden. Es gab so viele von ihnen, dass man im Kerker nicht genug Platz hatte.

„König“, sagte der Kerkermeister eines Tages. „Ich habe da einen Vorschlag vorzuschlagen.“

„Ich höre“, entgegnete der König.

„Es kommen ja neuerdings so viele Kaffeebetrüger in den Kerker“, meinte der Kerkermeister. „Da könnte es doch nicht schaden, ein neues, großes Gefängnis zu bauen.“

„Den Gedanken verstehe ich“, entgegnete der König. „Aber dazu müsste eine weitere Steuererhöhung erfolgen.“

Er grübelte darüber nach, warum nur wenige Kaffeeriecher ihrer Aufgabe gewissenhaft nachgingen. Da beschloss er, sich selbst ein Bild der Situation zu machen. Am nächsten Tag machte sich Otto der Ordentliche also als Soldat verkleidet auf den Weg in die Stadt. Er kam in die Teestube, die unser Soldat auch immer besuchte. Die hieß allerdings mittlerweile nicht mehr Teestube, sondern Café.

„Guten Tag!“, grüßte der König. „Ich hätte gerne eine Tasse Kaffee.“

„Bitte sehr!“, sagte die freundliche Kellnerin, als sie ihn servierte.

„Und was kostet das nun?“, fragte der König.

„Drei Taler mit Kaffeesteuer“, antwortete die Kellnerin.

„Und ohne?“, forschte der König.

Die Kellnerin dachte nichts Böses, da mittlerweile viele Soldaten die Kaffeesteuer nicht mehr zahlen wollten.

„Dann kostet der Kaffee nur einen Taler“, sagte die Kellnerin. „Aber bitte nicht weitersagen!“

„Pech gehabt“, freute sich der König. „Du kommst in den Kerker, auf Hinterziehung der Kaffeesteuer steht nämlich Gefängnis. So einfach ist das, denn es muss alles seine Ordnung haben.“

Und während die Kellnerin etwas blass wurde, grinste Otto der Ordentliche.

„Dann bitte ich vor meiner Verhaftung um drei Taler“, sagte die Kellnerin. „Es muss ja alles seine Ordnung haben.“

Der König dachte darüber nach.

„Ja“, meinte er schließlich. „Das ist vollkommen korrekt. Es muss alles seine Ordnung haben.“

Er zahlte die drei Taler und wollte nun seinen Kaffee auch trinken. Er hatte noch nie welchen probiert. Und da er ihn bezahlt hatte, gehörte es für ihn auch zur Ordnung, die Tasse nicht unberührt zurückgehen zu lassen.

„Dieses Aroma“, bemerkte er, nachdem er daran gerochen hatte.

Dann schöpfte er mit einem Kaffeelöffel ein paar Tropfen ab und schlürfte sie langsam.

„Der ist heiß“, stellte er fest. „Und ein wenig bitter!“

„Ich empfehle etwas Milch“, sagte die Kellnerin.

So gab der König einen kleinen Schluck Milch hinzu und probierte erneut.

„Wie köstlich“, schwärmte er und trank genussvoll seine Tasse leer.

„Möchtet Ihr vielleicht eine zweite Tasse Kaffee?“, fragte die Kellnerin. „Ich meine, bevor wir zum Gefängnis aufbrechen.“

Otto der Ordentliche prüfte seinen Geldbeutel.

„Das geht nicht“, stellte er fest. „Ich habe insgesamt nur drei Taler dabei.“

„Das stimmt natürlich“, meinte die Kellnerin. „Es sei denn, wir nehmen den steuerfreien.“

„Oje“, stöhnte der König. „Was habe ich nur getan?“

So wurde die Kellnerin nicht in den Kerker gesperrt. Der Soldat aber und all die anderen Kaffeebetrüger wurden noch am selben Tag aus der Haft entlassen.

„Die Kaffeesteuer wird verändert“, erklärte der König dem Regelaufschreiber. „So einfach ist das.“

„Kein Problem“, sagte dieser. „Wie lautet die neue Bestimmung?“

„Kaffeehäuser und Teestuben“, meinte der König, „zahlen eine Steuer in Höhe von insgesamt fünf Talern im Monat. Also nicht zwei Taler pro Tasse.“

„Das ist ja dann deutlich günstiger“, bemerkte der Regelaufschreiber.

Man glaubt es kaum, aber nach der so deutlichen Senkung der Kaffeesteuer war die dem König so wichtige Ordnung schnell wieder hergestellt. Und die Staatskasse füllte sich auch wieder, nur eben etwas langsamer.

„Regelaufschreiber“, sagte der König. „Geh doch einmal zum königlichen Koch und sag ihm, er möge uns Kaffee in den Thronsaal bringen. Und danach kannst Du gleich die königliche

Empfehlung aufschreiben, dass man gut daran tut, zu jedweder Besprechung grundsätzlich Kaffee zu reichen."

So saßen Otto der Ordentliche und sein Regelaufschreiber bei eine Tasse Kaffee zusammen, und die neuen Regeln wurden festgehalten.

„Einen neuen Beruf gibt es da noch", sagte der König zum Schluss. „Ich benötige einen hochköniglichen Regelbremser. Das soll jemand sein, der mir einen Hinweis gibt, wenn neue Regelungen Gefahr laufen, der Ordnung nicht dienlich zu sein."

Die Aufgabe wurde schließlich an zwei Personen übertragen. Unser Soldat und die freundliche Kellnerin kamen nun einmal pro Woche zum Kaffee in den Thronsaal, hörten sich die neuen Regeln an und teilten ihre Meinung dazu mit. Und wenn sie nicht gestorben sind, dann leben sie noch heute.

Eine Torte für die Hochzeit

Es waren einmal ein Prinz und eine Prinzessin, die hatten sich ineinander verliebt. Und nachdem sie gemeinsam viele Abenteuer bestanden hatten, beschlossen sie zu heiraten. Nun war eine Hochzeit eine große Sache, besonders wenn Prinz und Prinzessin sich das Ja-Wort gaben. Viele Helfer wurden gebraucht, um sich um all das zu kümmern, was zu einer Hochzeit dazu gehörte. Der Schneider fing an zu nähen, der Gärtner kümmerte sich um die Blumen, der Goldschmied um den Ring und der Architekt um einen Hochzeitssaal, der eigens gebaut wurde.

Ein Komponist sollte für die beiden einen Hochzeitsmarsch komponieren und ein Künstler gestaltete die Einladungen. So viele Helfer waren dabei. Zum Schluss fehlte nur noch eins: die Hochzeitstorte. Darum sollte sich der königliche Zuckerbäcker kümmern. Der freute sich sehr über den Auftrag.

„Hochzeitstorten", sagte er seinen Mitarbeitern, „sind für einen Bäcker wirklich das Schönste. Wobei eine königliche Hochzeitstorte natürlich das Allerschönste ist. Sozusagen."

Zwölfstöckig sollte sie sein, und jeder einzelne Stock der Torte sollte eine eigene Geschmacksrichtung haben. Natürlich gab es ein paar Wünsche des Brautpaars, aber auch dem Bäcker fehlte es nicht an Ideen.

„Sahne-Nuss mit Marzipan", schwärmte er. „Das ist immer gern genommen. Vanille-Creme, Himbeer-Sahne, Schokolade. Da werde ich einiges an Zutaten brauchen. Also Eier, Sahne, Mehl, Zucker und vieles mehr. Morgen soll sie fertig sein, dann wird es Zeit, frisch loszulegen!"

So machte er sich wie jeden Tag mit seinem Pferdewagen auf den Weg zum großen Markt, denn da verkauften die Bauern ihre Hühnereier und die Müller ihr Mehl. Zudem gab es dort auch alles andere, das man zum Backen brauchen konnte. Der Bäcker hatte seine etwas längere Einkaufsliste in der Tasche. Er ging sie in Gedanken immer wieder durch, damit er nichts vergaß.

„Frische Himbeeren brauche ich natürlich“, sagte er zu sich selbst. „Vanille-Schoten, Zuckerwerk, Marzipan, ... Ach! Auf dem Markt gibt es alles, was das Herz eines Bäckers erfreut.“

Von Vorfreude erfüllt bog er in die Straße ein, die zum Markt führte. Als er aber dort ankam, bauten die Händler ihre Stände bereits ab.

Der Bäcker erschrak. „Bin ich zu spät?“ Und dann rief er den Marktleuten entgegen: „Momentchen mal! Ich bitte abzuwarten. Es gibt da noch einen königlichen Großauftrag. Es wird ein gutes Geschäft für Euch.“

Doch die Händler beachteten ihn gar nicht, sondern packten weiter zusammen, und als er noch einmal rief, winkten sie ab.

„König hin oder her“, sagten sie. „Wir haben unsere Ware bereits verkauft. Es ist hier nichts mehr zu holen. Kein Stäubchen Mehl ist übrig geblieben.“

„Wie meinen?“, fragte der Bäcker. Er konnte das gar nicht glauben. So etwas war noch nie passiert.

„Es gibt keine Waren mehr“, erklärten die Händler. „Es ist alles verkauft.“

„Das kann gar nicht sein“, meinte der Bäcker. „Denn ich brauche doch noch so einiges. Ich muss nämlich eine zwölfstöckige Hochzeitstorte backen.“

„Das dürfte schwierig werden“, sagte ein Müller.

„Aber wie kann das denn sein? Schlechte Ernte?"

Die Händler schüttelten ihre Köpfe: „Nein, im Gegenteil. Wir hatten reichlich Waren dabei, aber vorhin war eine Kundin da, die hat alles aufgekauft. Und nicht nur bei uns, sondern auch überall sonst in der Gegend. Sie habe Großes vor, hat sie gesagt."

„Großes?", fragte der Bäcker fassungslos.

„Großes", bestätigten die Händler. „Und dann ist sie mit ihrem prall gefüllten Planwagen in Richtung Wald gefahren. Das war ein gutes Geschäft!!!"

Der Bäcker malte sich aus, was wohl geschehen würde, wenn die Hochzeit von Prinz und Prinzessin ohne Torte gefeiert werden musste. Es war nicht auszudenken.

„Eine Katastrophe", jammerte er. „Also: Die sonderbare Frau hat Großes vor? Mal sehen, vielleicht hole ich sie noch ein und kann sie zu einem Handel überreden."

Und so machte auch er sich auf den Weg in den Wald, der jedoch einen etwas abschreckenden Namen trug. Er hieß nämlich *Unheimlicher Zauberwald*. Aber das musste ja nichts heißen. Bald zeigte sich, dass der Name gut gewählt war. Viele Bäume sahen geisterhaft aus, nicht nur, weil in ihren Ästen Eulen und Raben saßen.

„Gut, es ist etwas unheimlich", meinte der Bäcker. „Warum aber heißt der Wald wohl Zauberwald?"

Der Weg führte ihn lange Zeit einfach geradeaus, bis er zu einer Weggablung kam, an der zwei Bäume standen.

Der Bäcker dachte laut darüber nach, was nun zu tun war: „Und was nun? Links oder rechts?"

Mit einer Antwort hatte er zwar nicht gerechnet, aber er bekam eine.

„Also, ich würde links fahren", sagte der linke Baum.

„Oh, vielen Dank für den Rat", entgegnete der Bäcker höflich. „Auf Wiedersehen."

Ob er nur so schnell fuhr, weil er in Eile war, oder ob der sprechende Baum ihm Angst gemachte hatte? Er wusste es selbst nicht so genau. Jedenfalls nahm er tatsächlich den linken Weg. Und als er außer Sicht- und Hörweite war, sagte der rechte Baum zum linken: „Na Du machst mir Spaß, schickst ihn einfach nach links, obwohl Du gar nicht weißt, welches Ziel er hat."

Der andere Baum erklärte sich: „Ich finde eben, die Leute sollten sich abwechseln. Und weil die Frau mit dem Planwagen vorhin nach rechts gefahren ist, habe ich diesen Herrn nach links geschickt."

Das sah der rechte Baum ein. „Ach so, dann ist alles gut", lobte er seinen Kollegen.

Der Bäcker aber erreichte bald eine Lichtung. Da stand auf zwei riesigen Hühnerbeinen eine Hütte.

„Entschuldigung? Wohnt hier jemand?", rief er.

„Ich wohne hier", antwortete eine alte Dame. In einem Mörser sitzend kam sie auf die Lichtung hinuntergeflogen.

Der Bäcker gab sich Mühe, das nicht ungewöhnlich zu finden, denn das Gespräch, auch wenn es bis hierher kurz gewesen war, hatte bislang in ihm keinerlei Besorgnis geweckt. „Entschuldigen Sie", sagte er. „Sind Sie zufällig die Dame, die vorhin den ganzen Markt leergekauft hat? Es ist nämlich so, dass ich noch einiges an Zutaten für die Hochzeitstorte von Prinz und Prinzessin brauche, und ..."

Die Dame im Mörser unterbrach ihn: „Also, ich war weder auf dem Markt, noch habe ich Zutaten gekauft!"

So verabschiedete sich der Bäcker und fuhr zurück zur Weggabelung mit den zwei Bäumen. Die schauten ihn verwundert an.

„Links war falsch", erklärte er kurz.

„Links war richtig", entgegnete der linke Baum. Und der rechte ergänzte: „Aber jetzt ist rechts richtig. Alles muss seine Ordnung haben."

Weil er das einsah und sowieso keine andere Wahl hatte, nahm der Bäcker nun den rechten Weg, der sich als etwas breiter und deutlich länger entpuppte.

Schließlich gab es eine Abzweigung. Hier hätte sich der Bäcker wieder sprechende Bäume gewünscht, doch diesmal gab es keine. Das Pferd aber, ohne abzuwarten, verließ den breiten Weg und folgte der Abzweigung. Bald kamen sie zu einer anderen kleinen Lichtung. Und es schien so, als ob sie hier genau richtig waren, denn auf dieser Lichtung sahen sie eine Frau, einen Planwagen und einen großen Steinofen.

„Schönen guten Tag", grüßte der Bäcker.

Die Frau winkte ab: „Ich kaufe nichts, ich habe schon alles!"

„Damit wären wir allerdings direkt beim Problem", meinte der Bäcker. „Alles ist nämlich zu viel! Ich würde Ihnen gerne einen Teil der Zutaten abkaufen. Für eine große Hochzeitstorte! Verstehen Sie?"

Die Frau winkte wieder ab: „Das geht leider nicht. Ich bedaure, aber ich brauche alle Zutaten selbst."

„Aber wofür denn?", fragte der Bäcker.

„Ich muss an meine Zukunft denken", erklärte die Frau. „Ich bin Hexe und benötige ein echt hexenmäßiges Gebäude. Deshalb baue ich mir gerade ein Knusperhäuschen. Dazu müssen erst einmal Mauersteine und Dachpfannen gebacken werden."

„Ein Knusperhäuschen?", fragte der Bäcker.

Die Hexe nickte.

„Aber wozu muss es denn ein Knusperhäuschen sein?", fragte der Bäcker.

„Wie ich sage", entgegnete die Hexe: „Weil es eine hexenmäßige Unterkunft ist!"

„Naja", sagte der Bäcker. „Wenn Sie es essen, können Sie aber nicht mehr darin wohnen."

Die Hexe lächelte: „Ach, ich werde es gar nicht essen."

„Aber wenn Sie es nicht essen", sagte der Bäcker, „dann können Sie es doch auch aus Stein oder aus Holz bauen."

„Nein", sagte die Hexe. „Denn dann ist es ja kein Knusperhäuschen. Ein Knusperhäuschen muss essbar sein."

„Das verstehe ich ja", meinte der Bäcker. „Aber wenn Sie es essen, können Sie nicht mehr darin wohnen."

„Stimmt", sagte die Hexe lächelnd. „Deshalb werde ich es ja nicht essen."

„Dann können Sie es aber doch genauso gut aus Stein oder Holz bauen."

Die Hexe schüttelte abermals den Kopf. „Wenn es aber aus Stein oder Holz ist, ist es kein echtes Knusperhäuschen. Es muss essbar sein."

„Essbar?", fragte der Bäcker. „Aber wenn Sie es essen, können Sie doch nicht mehr darin wohnen."

„Ich werde nicht essen." So langsam wurde die Hexe ungeduldig.

Und der Bäcker auch. „Dann bauen Sie es doch aus Stein oder Holz", schimpfte er.

„Dann wäre es kein richtiges Knusperhäuschen", gab die Hexe ein weiteres Mal zu bedenken.

Der Bäcker atmete tief durch. Die Zutaten schienen für ihn unerreichbar zu sein, und so machte sich eine mittelschwere Verzweiflung bemerkbar.

„Warum müssen Hexen eigentlich in so abgefahrenen Häusern wohnen?“, schimpfte er vor sich hin. Die Hexe aber hörte zu. Und der Bäcker schimpfte weiter: „Die eine will sich ein Knusperhäuschen backen, obwohl sie es gar nicht essen möchte und es genauso gut aus Holz oder Stein machen könnte, ...“

„Momentchen mal“, schob die Hexe ein, „dann wäre es aber kein Knusperhäuschen!“

„Und die andere“, schimpfte der Bäcker weiter, „wohnt in einem Haus, das auf riesigen Beinen durch die Gegen läuft.“

Da wurde die Hexe auf einmal stutzig: „Wie bitte? Wer? Wo? Warum?“

„Ach“, sagte der Bäcker. „Das ist die andere Hexe, die ich eben kenngelernt habe. Jedenfalls vermute ich, dass sie eine Hexe war. Sie flog nämlich in einem Mörder durch die Luft.“

„Sie ist eine Hexe und wohnt nicht im Knusperhäuschen?“, wunderte sich die Hexe. „Aber ich dachte, alle Hexen müssen im Knusperhäuschen wohnen.“

„Anscheinend nicht“, stellte der Bäcker fest. „Das sollten wir aber dringend klären. Kann man das vielleicht irgendwo nachlesen?“

Da kletterte die Hexe vorn auf den Planwagen und öffnete eine Kiste, die ihr während der Fahrt als Sitz gedient haben musste. Sie kramte darin herum, bis sie ein altes Buch in Händen hielt.

„Da haben wir's, Jungchen“, sagte sie, räusperte sich und las vor: „Paragraph 321 der allgemeinen Hexenordnung. Wohnsitz der Hexe: Es ist unerlässlich, dass der Wohnsitz einer Hexe sich von dem einfacher Leute unterscheidet. Ob die Hexe lieber in einem Knusperhäuschen, einer übergroßen Teekanne oder einer Hütte Hühnerbein leben möchte, bleibt ihr überlassen. Auch andere Wohnformen sind denkbar."

Sie ließ das Buch sinken, und auf ihrer Stirn machten sich Grübelfalten breit.

„Sehen Sie?", sagte der Bäcker sehr freundlich und zugewandt. „Ich habe es ja gesagt!"

„Na, wenn das so ist", meinte die Hexe. „Eine übergroße Teekanne stelle ich mir auch recht hübsch vor. Die wird außerdem nicht schlecht. Beim Knusperhäuschen wird man viel Arbeit haben, was die Instandhaltung angeht. Vielleicht gibt es tatsächlich noch bessere Möglichkeiten."

„Wir kommen also ins Geschäft?", fragte der Bäcker.

„Unbedingt", meinte die Hexe und schüttelte ihm die Hand.

So wurden sie endlich handelseinig, und auch wenn unserem Bäcker nun eine Nacht ohne Schlaf bevorstand, in der er sich um die Torte kümmern musste, war er doch erleichtert. Er fuhr, nachdem sie einen Großteil der Zutaten auf seinen Wagen umgeladen hatten, zurück zum Königsschloss.

Die Hochzeit von Prinz und Prinzessin, so erzählt man sich, war wunderschön, und die Hochzeitstorte sollte sich als echter Höhepunkt der Feierlichkeiten erweisen. Nach der Hochzeit musste der Bäcker erst einmal ausschlafen. Und wie das manchmal so ist, wenn man etwas Besonderes geschafft hat: Er war zwar stolz, aber weil ihm nun eine große Aufgabe fehlte, war er auch traurig.

„Ach, ich räume erst einmal auf", sagte er. Und während er die verbliebenen Zutaten sortierte, kam ihm eine Idee, die er auch gleich in die Tat umsetzte. Er backte kleine Lebkuchenplatten und baute daraus ein Knusperhäuschen, das er mit Zuckerstangen und Schokolade verzierte. Es war natürlich keines, um darin zu wohnen, sondern ein kleines, kaum größer als ein Geburtstagskuchen Mit diesem Knusperhäuschen machte er sich auf den Weg in den Wald.

Auf der Lichtung der zweiten Hexe fand sich ein neues Gebäude. Es handelte sich um eine übergroße Teekanne.

„Guten Tag“, rief der Bäcker. Eine Tür öffnete sich und die uns wohlbekannte Hexe trat heraus.

„Oh, guten Tag“, sagte sie. „Was hast Du denn da?“

Die Freude über das Knusperhäuschen war sehr groß, und so entstand eine Freundschaft zwischen Bäcker und Hexe. Das ist insofern ungewöhnlich, weil Bäcker und Hexen doch eher selten befreundet waren.

Der Bäcker machte es sich zur Gewohnheit, der Hexe jedes Jahr, wenn die Lebkuchenzeit begonnen hatte, ein Knusperhäuschen zu schenken. Und aus Dank schenkte die Hexe dem Bäcker jedes Jahr einen besonderen Teelöffel.

Eines Tages hatte die Hexe Kaffeebesuch und bot anstelle der üblichen Kuchenstücke Teile des Knusperhäuschens an. Nach anfänglichen Zweifel zeigten ihre Gäste sich schließlich begeistert. Mit der Zeit entstand ein großer Bedarf an Knusperhäuschen. So verkaufte der Bäcker sie bald in unterschiedlichen Ausführungen und Größen in seiner Backstube. Und wenn er nicht gestorben ist, dann macht er das noch heute.

Der naschhafte Prinz

Es war einmal ein naschhafter Prinz, der liebte alles, was süß war. So mussten seine Hofangestellten immer dafür sorgen, dass ausreichend Schokolade, Plätzchen und Kuchen vorhanden waren. Der Prinz ließ in seinem Schloss backen, vor allem aber war es ihm wichtig, einen guten Kontakt mit den Konditorinnen und Konditoren der Umgebung zu pflegen. So gab es eine Hofdame mit Namen Annabelle von Nordbach, deren Aufgabe einzig und allein darin bestand, die besten Süßbackstuben ausfindig zu machen und ihnen regelmäßig einen Besuch abzustatten. Der Konditor, den sie am allerliebsten besuchte, hieß Gustav Zuckermann.

„Ah, gnädige Frau! Kommen Sie herein!“, begrüßte er sie. „Darf es eine kleine Nascherei sein?“

„Vielleicht ein kleiner Keks“, gab sie zur Antwort. „Ich muss schon ein wenig auf meine Figur achten.“

Es brauchte nicht viel Aufmerksamkeit, um zu bemerken, dass Frau von Nordbach die Lieblingskundin von Konditor Zuckermann war.

„Vielleicht ein Tässchen Tee zum Gebäck, Frau von Nordbach?“, fragte er. Er wollte verhindern, dass sie schnell wieder aufbrauch.

„Vielleicht ein kleines Tässchen“, sagte sie, „und dann sollten wir zum Geschäftlichen kommen.“

„Selbstredend“, meinte Herr Zuckermann. „Was kann ich denn dieses Jahr in der kalten Jahreszeit anbieten?“

Im Herbst und im Winter, das wusste auch Herr Zuckermann, wurden noch mehr Plätzchen als sonst gegessen. Wenn es draußen trüb war, half drinnen ein wenig Gebackenes, um seine gute Laune zu bewahren.

„Der Prinz wünscht sich Nussplätzchen und Spritzgebäck“, berichtete Frau von Nordbach, „wie jedes Jahr.“

„Es wird mir eine Ehre sein, den Gaumen des Prinzen erneut zu erfreuen“, meinte der Konditor. Für ihn war damit alles klar, und die Rezepte kannte er längst auswendig. Es konnte also gar nichts schiefgehen.

„Das freut mich“, entgegnete die Hofdame. „Es gibt da allerdings noch einen zusätzlichen Wunsch.“

Konditor Zuckermann lächelte. „Auch für zusätzliche Wünsche bin ich mir nicht zu schade.“

„Der Prinz“, sagte die Hofdame, „wünscht etwas Besonderes. Etwas Neues. Eine winterliche Plätzchenerfindung.“

„Ich werde sehen, was ich tun kann“, sagte Herr Zuckermann. „Und: Ich darf doch hoffen, dass Sie persönlich kommen werden, um das Gebäck abzuholen?“

„Oh ja“, sagte Frau von Nordbach. „Ich hoffe auch, dass ich es einrichten kann.“

Und dann lächelten sie einander an. Als Frau von Nordbach die Konditorei verlassen hatte, geschah, was immer geschah: Herr Zuckermann bekam schlechte Laune. Anders war es, wenn er wusste, dass sie bald kommen würde. Dann war er immer bestens gelaunt. Aber nun war sie ja gerade gegangen.

„Laura!!!“, brüllte er. „Komm in die Backstube, wir haben zu reden!“

Laura war das Dienstmädchen und musste alles tun, was Konditor Zuckermann wünschte. Wenn es ihm gut ging, dann wünschte er sich wenig. Wenn es ihm aber schlecht ging, dann konnte einiges zusammenkommen.

„Da bin ich schon. Ist alles in Ordnung?“, fragte Laura.

„Es gibt viel zu tun“, sagte der Konditor. „Geh zum Markt und kaufe Butter, Eier, Mehl, Zucker, Honig und Nüsse. Hast Du Dir das gemerkt? Und wenn Du zurück bist, räumst Du die Backstube auf und fegst zunächst den Ofen aus und hinterher den Boden. Und den Abwasch nicht vergessen!!!“

Manch einer hätte es mit der Angst zu tun bekommen, wenn so streng geredet wurde. Nicht aber Laura.

„Oh Schreck!“, sagte sie. „Ist Frau von Nordbach gerade weg?“

„Werde Du ja nicht frech!“, schimpfte er. „Hörst Du?“

Am nächsten Tag begann der damit, sich Gedanken über neue Plätzchen zu machen.

„Nussplätzchen liebt der Prinz“, dachte er bei sich. „Das bedeutet, man müsste etwas Ähnliches machen. – Vielleicht auch etwas Anderes. Äpfel sind doch immer gern genommen. – Man könnte ja mal Plätzchen aus Apfelkernen machen. Zum Beispiel.“ Und dann brüllte er wieder: „Laura!!! Wo steckst Du?“

Die Tür öffnete sich und Laura trat mit einem Lächeln ein.

„Hier bin ich schon. Was kann ich tun?“

„Du bist etwas blass um die Nase“, behauptete Konditor Zuckermann. „Und weißt Du, woran das liegt?“

Sie wusste es nicht. Und sie fühlte sich auch nicht blass, aber Konditor Zuckermann fuhr fort: „Du isst zu wenig Äpfel! Äpfel sind sehr gesund. Also: Iss doch bitte drei-vier Äpfel, und bring mir die Kerne zum Beweis. Ich selbst esse auch welche.“

So aß jeder für sich einige Äpfel. Die gesammelten Kerne ließ Konditor Zuckermann trocknen und mahlte sie anschließend.

Dann nahm er sein Nussplätzchen-Rezept und anstelle der gemahlenen Nüsse verwendete er gemahlene Apfelkerne.

„Dann wollen wir mal probieren“, sagte er zu sich selbst, betrachtete sein Backergebnis aber mit leichtem Zweifel. „Laura!“, brüllte er.

Laura kam und probierte. Konditor Zuckermann schaute sie dabei ganz genau an. Er merkte gleich, dass sie keine Begeisterung ausstrahlte.

„Ganz ehrlich?“, sagte sie. „Die Nussplätzchen sind tausendmal schmackhafter!“

„Das ist schlecht“, meinte Konditor Zuckermann.

Noch schlechter war, dass diesem ersten viele weitere Fehlversuche folgten. Und so langsam standen die Winter- und Weihnachtszeit vor der Tür. So war es wenig überraschend, dass sich bald die Tür öffnete und eine alte Bekannte eintrat.

„Guten Tag, Herr Zuckermann. Wie geht es denn voran?“, fragte die Hofdame mit einem zugewandten Lächeln.

Des Konditors Herz schlug höher. „Frau von Nordbach, es ist mir wie immer ... Nun ja: Ein Vergnügen! Darf ich Ihnen ein Tässchen Tee anbieten?“

„Aber nur ein kleines Tässchen“, sagte die Hofdame. „Vor allem wollte ich mich nach dem Stand der Dinge erkundigen.“

Das hatte Konditor Zuckermann befürchtet, und so sagte er: „Ich habe schon einen großen Vorrat Nussplätzchen und Spritzgebäck gebacken. Das neue Rezept ist noch sehr geheim. ... Also: Da bitte ich noch um Geduld.“

Auch wenn er noch keine neuen Plätzchen vorweisen konnte, war der Besuch der Hofdame wie immer sehr angenehm für ihn. Umso betrübter war er, als sich die Tür der Konditorei hinter ihr schloss.

„Laura!!!", brüllte Konditor Zuckermann.

Man ahnt es bereits. Die Backstube sollte Laura fegen, obwohl sie bereits sauber war, das Geschirr abwaschen, obwohl es längst abgewaschen war, und vieles mehr.

„Kein Problem!", sagte Laura.

„Das will ich hoffen", meinte Herr Zuckermann. „Ich gehe jetzt spazieren, und wenn ich wiederkomme, ist alles erledigt."

So fiel die Tür auch hinter ihm ins Schloss. Kurze Zeit später allerdings öffnete sie sich bereits wieder, und es nicht der Konditor, sondern ein fremder Mann, der eintrat. Der hatte dunkle Haut, trug ein weites Gewandt und stützte sich auf einen mannshohen Wanderstecken.

„Guten Tag, mein Herr. Wollen Sie etwas kaufen?", fragte Laura freundlich.

„Nein", entgegnete der Fremde nicht minder freundlich. „Ich möchte verkaufen. Ich komme von weit her und habe wunderbare Gewürze aus fernen Ländern anzubieten. Für wenig Geld!"

„Der Herr Konditor ist nicht da, und ich darf eigentlich ...", begann Laura, entschied sich dann aber anders. „Ach was soll's?", sagte sie. „Ich würde schrecklich gerne mal daran riechen, wenn ich darf."

Der Fremde öffnete seine Tasche und holte nach und nach unterschiedliche Töpfchen heraus.

„Bitte sehr!", sagte er. „Das hier ist Kardamom, ein Ingwer-Gewürz."

Laura schnupperte daran und war wie verzaubert. Es folgten Gewürznelke, Sternanis, Zimt und einige andere. Diese Gewürze hatte Laura noch nie gerochen.

„Die duften alle ziemlich großartig", schwärmte sie.

Der Fremde mochte Laura, und daher verkaufte er ihr die Gewürze für wenig Geld.

„Einen schönen Abend, meine junge Dame“, sagte er zum Abschied.

„Danke, den wünsche ich Ihnen auch“, entgegnete Laura.

Als einen Wimpernschlag später Konditor Zuckermann vom Spaziergang zurückkam, war Ärger vorprogrammiert.

„Was war denn das für ein fremder Mensch, der gerade aus meiner Konditorei gekommen ist?“, fragte er.

„Nur ein Gewürzhändler“, erklärte Laura. „Ich habe ihm ein bisschen was abgekauft. Von meinem eigenen Taschengeld, versteht sich.“

„Laura, Laura!“, sagte Herr Zuckermann und schüttelte den Kopf. „Man kann Dich nicht fünf Minuten allein lassen.“

Am nächsten Tag war er krank. Er hatte wohl Bauchschmerzen. Laura vermutete, dass ihn nicht etwa eine Grippe erwischt hatte, sondern viel mehr die Sorge, der Prinz und noch schlimmer Frau von Nordbach könnten ihm nicht zufrieden sein.

„Machen Sie sich doch einen ruhigen Tag“, schlug Laura vor. „Ich bringe ein Tässchen Kamillentee und übernehme das Backen für Sie.“

„Na gut“, seufzte Herr Zuckermann. „Aber nur einfache Nussplätzchen. Da weißt Du ja, wie es geht.“

Laura backte also Nussplätzchen, wie es ihr Auftrag war. Als das erste Blech fertig war, kam ihr eine Idee. Ganz heimlich dachte sie sich ein neues Rezept aus. Sie mischte Mehl, Zucker und Butter und auch etwas Eigelb. Dann aber gab sie jeweils eine Löffelspitze der neuen Gewürze hinzu, bevor sie den Teig knetete. Schließlich stach sie Plätzchen aus, legte sie auf ein Blech und schob es in den Ofen.

Womit sie nicht gerechnet hatte, war, dass man nicht heimlich backen konnte, weil beim Backen immer ein Duft verströmt wird. Und dieser Duft versprach etwas Außergewöhnliches. Als sie den Ofen öffnete, ahnte sie, dass ihre Plätzchen besondere Gaumenfreuden waren, doch sie kam nicht dazu, sie zu probieren, denn die Tür öffnete sich.

„Laura, was riecht denn hier so eigenartig?“, fragte Konditor Zuckermann streng.

„Das war nur für mich“, sagte sie leise. „Ich habe meine eigenen Zutaten und Gewürze benutzt.“

Konditor Zuckermann wirkte gereizt, und das konnte bedeuten, dass nun ein großes Donnerwetter bevorstand. Doch es kam anders, denn ausgerechnet in diesem Moment, der so unangenehm zu werden drohte, öffnete sich die Tür, und Frau von Nordbach trat in die Backstube.

„Herr Zuckermann, ich komme als Spekulatorin, also als Beobachterin“, sagte sie freundlich und flüsterte dann weiter: „Der Prinz möchte etwas über Ihre Fortschritte bei der Entwicklung des geheimen Rezepts wissen, und ...“

Dann hielt sie inne und schnupperte.

„Dieser Duft ist ja himmlisch“, sagte sie. „Ist das etwa ihr geheimes Rezept?“

„Nun ja“, begann Konditor Zuckermann. „Eigentlich ...“

Sie unterbrach ihn: „Dürfte ich probieren?“

Laura antwortete für ihn und hielt ihr mit der Gebäckzange ein Plätzchen hin: „Bitte sehr! Aber Vorsicht: Sie sind noch ein wenig heiß!“

Frau von Nordbach pustete und biss dann vorsichtig in das Plätzchen. Ihre Augen schlossen sich, und sie lächelte.

„Gott, sind die köstlich“, schwärmte sie. „Mein lieber Herr Zuckermann, Sie sind ein Genie! Ich könnte Ihnen glatt ein Küsschen geben!“

„Machen Sie das ruhig“, meinte Laura. „Da freut er sich bestimmt.“

„Laura“, sagte er und wollte gerade losschimpfen, als das Küsschen seine Wange berührte und ihn schnell besänftigte.

„Wie heißen denn diese wunderbaren Plätzchen?“, fragte die immer noch verzückte Hofdame.

„Herr Zuckermann hat gesagt“, sagte Laura, „er wollte sie nach Ihnen benennen, aber Nordbach-Kekse klingt nicht so gut.“

„Laura!“, sagte der Konditor streng.

Frau von Nordbach schien das nicht zu bemerken.

„Na, da hast Du recht“, meinte sie. „Und jetzt?“

„Vielleicht, weil sie ja die Spekulatorin sind, können wir sie auch Spekulatius nennen“, schlug Laura vor.

So wurde es vereinbart. Und dieser Winter sollte einer der wunderbarsten aller Zeiten werden. Der Prinz hatte neue Lieblingsplätzchen, die er genüsslich verspeiste. Herr Zuckermann feierte den Erfolg mit Frau von Nordbach, und es wird gesagt, dass es nicht bei dem einen Wangenküsschen geblieben ist.

Laura wurde vom Dienstmädchen zur Konditorin befördert, und der fremde Herr durfte in Zukunft öfter kommen. Er wurde nicht nur Gewürz-Lieferant, sondern auch ein gern gesehener Freund des Hauses. Und weil das alles so gewesen ist, dürfen wir uns noch heute über den Geschmack der Spekulatius freuen.

Das Apfelkuchenmärchen

Es war einmal eine kleine Burg, die lag auf einer Anhöhe und war umgeben von Dörfern und Höfen, zu deren Schutz die Ritter eingesetzt wurden. Außerdem lebten in der Burg auch der Burgherr und einige Bedienstete. Hätte man aber die Ritter nach den weiteren Bewohnern gefragt, dann hätten sie wohl zuerst Rosalinde genannt. Sie war ein Burgfräulein und galt als besonders hübsch. Viele hatten ein Auge auf sie geworfen und hätten sie gern vom Fleck weg geheiratet. Aber Rosalinde schien sich dafür nicht zu interessieren. So lehnte sie Angebote in der Regel freundlich dankend ab.

„Guten Morgen, Rosalinde“, begrüßte sie eines Tages Ritter Harmut von Ochsenstein, der als besonders mutig und fleißig galt.

„Ritter Harmut“, antwortete sie. „Guten Morgen!“

Und schon machte sie sich auf zum Weitergehen.

„Wie ...“, setzte Ritter Harmut an, um sie noch kurz aufzuhalten. „Wie leuchtet doch Dein Haar so schön in der Morgensonne. Darf ich Dir einen Krug Brunnenwasser holen, auf dass Du Dich etwas erfrischen kannst?“

„Danke, das ist nicht nötig, ich habe keinen Durst“, entgegnete Rosalinde und rümpfte die Nase. „Aber sag mal: Irgendetwas riecht hier doch streng, oder? Merkst Du das auch?“

Eigentlich wusste sie sehr genau, welcher Geruch ihre empfindliche Nase störte. Ritter Harmut nahm es mit dem regelmäßigen Baden nicht so genau, was allerdings für die meisten Ritter galt.

„Also, ich rieche nichts“, antwortete der Ritter und zog verwundert von dannen.

Der Herbst kam, und man freute sich an den letzten warmen Sonnentagen und an den immer bunter werdenden Blättern der Bäume. Rosalinde hatte eine große Leidenschaft: Sie backte jeden Tag leckere Kuchen. Und im Herbst fand sie das Backen besonders schön. Pflaumen-, Apfel- und Walnusskuchen gehörten zu ihren Spezialitäten.

Pflaumen und Nüsse kaufte sie bei den Bauern der Umgebung. Bei den Äpfeln allerdings verwendete sie zum Backen eine Sorte, die dort nicht wuchs. Ein Freund des Burgherrn, Freiherr Gunter von und zu Rudelskirchen, brachte ihr jedes Jahr bei seinem Besuch einige Körbe voll mit. Dieses Jahr aber kam nicht er, sondern lediglich ein Bote, der anstelle von Äpfeln nur einen Brief brachte. Der Freiherr von und zu Rudelskirchen war an einer schweren Grippe erkrankt, und die hatte einen Strich durch seine Reisepläne gemacht. Das betrübte Rosalinde.

„Diese Apfelkuchen waren für mich immer der Höhepunkt des herbstlichen Backens“, sagte sie. „Ein Herbst ohne guten Apfelkuchen ist für mich ein Herbst ohne Freude.“

Man beschaffte Äpfel aus der Umgebung. Die aber erwiesen sich als nicht einmal halb so gut wie die gewohnten. So trat Rosalinde eines Tages vor die Ritter:

„Ich habe eine Verkündigung zu verkünden“, sagte sie. „Es ist nämlich so: Ich brauche Äpfel mit besonderem Geschmack und guter Eignung für das Backen. ... Also ... Wer mir die besten Äpfel bringt, der bekommt ...“

An der Stelle wurden alle Ritter hellhörig, vor allem Ritter Hartmut.

Rosalinde jedoch stockte. „... der bekommt ...“

Sie hatte vorher nicht darüber nachgedacht, welche Belohnung sie in Aussicht stellen konnte. Die Ritter aber machten sich so ihre eigenen Gedanken.

„Darf er sie etwa heiraten?“, flüsterte einer so leise, dass Rosalinde es nicht hörte. Die aber rette sich im nächsten Moment.

„... der bekommt eine feine Belohnung“, sagte sie. „Ja! Das bekommt er!“

Für die Ritter jedoch war die Idee geboren, dass Rosalinde nun endlich bereit war, sich zu offenbaren und mit einem von ihnen vor den Traualtar zu treten. So wurde aufgesattelt und bald schon schwärmte ein gutes Dutzend Ritter ins Abenteuer aus.

„Rosalinde!“, sagte Ritter Hartmut vor seinem Aufbruch. „Ich werde mich nicht scheuen, für Deine Äpfel mein Leben einzusetzen.“

„Ach, Ritter Hartmut!“, entgegnete sie. „Ich weiß nicht, ob man für einen Apfelkuchen sein Leben einsetzen sollte. Dass Du Dich aber auf den Weg machst, weiß ich sehr zu schätzen.“

„Wir werden sehen, wie gefährlich es wird“, meinte Ritter Hartmut und gab seinem Pferd die Sporen.

Den wenigsten fiel auf, dass nicht nur Ritter aufbrachen. Da war noch jemand. Der war allerdings so klein, dass er grundsätzlich niemandem auffiel. Es war ein Däumling, der in der Burg als Stallknecht arbeitete. Pferde, Kühe und Schweine hätten ihn beim Fressen leicht verschlucken können, deshalb war er einzig und allein für die Mäuse zuständig. Und diese Arbeit machte er gut, denn wo in anderen Burgen Mäuse kreuz und quer umherliefen und vor allem in der Küche manchen Ärger hervorriefen, waren die Mäuse in dieser Burg zahm und hielten sich nur da auf, wo sie es durften. Am Tag des Aufbruchs jedenfalls sattelte er eine der Mäuse und zog in sein persönliches Apfelabenteuer.

„Dabei habe ich es eigentlich ein wenig schwerer als die Ritter“, dachte er.

Dennoch kam er für seine Verhältnisse gut voran und hatte einen Vorteil: Er konnte mit den Tieren sprechen. So fragte er unterwegs Eichhörnchen, Rehe und Vögel: „Weißt Du, wo es gute Äpfel gibt?“

Und die meisten konnten dazu einen Hinweis geben. Einmal trafen sie einen Fuchs, der wollte die Maus fressen. Da versteckten sie sich in einem alten Kaninchenloch unter einer Baumwurzel und mussten einige Stunden ausharren, bis sie sie ihre Reise fortsetzen konnten.

Am dritten Tag begegneten sie einer alten Krähe. Die war sehr gesprächig und erzählte den beiden ihre halbe Lebensgeschichte, was sogar noch länger dauerte als das Abwarten in dem alten Kaninchenloch.

Schließlich gab sie dem Däumling einen Hinweis: „Ich habe eine Zeit lang in der Nähe eines Bauernhofes gelebt. Die alte Bäuerin hat immer wunderbar duftende Apfelkuchen gebacken. Die haben da viele Apfelbäume. Sie sind allerdings eingezäunt und werden bewacht!“

„Das klingt gut“, sagte der Däumling. „Wo finde ich denn diese Apfelbäume?“

Die Krähe beschrieb den Weg genau. Es bedurfte einer kleinen Richtungsänderung. Und sie würden noch mehr Geduld brauchen.

„Mit Deiner Maus wirst Du schon noch drei Tage unterwegs sein“, vermutete die Krähe.

Der Däumling bedankte sich, und so ging die Reise weiter. Falken und Wildschweine waren die größten Gefahren des Weges, und so manches Mal war das Entkommen knapp.

„Der Vorteil ist, dass man sich gut verstecken kann, wenn man kaum größer als ein Daumen ist“, dachte der Däumling.

Als sie den Bauernhof erreichten, zeigte sich ein zweiter Vorteil. Für jeden Ritter hätte der große Zaun tatsächlich ein Hindernis dargestellt. Der Däumling aber konnte auf seiner Maus einfach zwischen den Zaunlatten hindurchreiten. Und da standen wunderbare Apfelbäume, die allesamt noch nicht abgeerntet waren.

„Hui!“, staunte der Däumling. „Die Äpfel sehen aber wirklich besonders gut aus.“

Aber da standen nicht nur wunderbare Apfelbäume, sondern auch zwei Vogelscheuchen. Die eine war groß und trug einen Schlappgut. Die andere war ein wenig kleiner und trug einen flatternden Mantel. Als sie die Stimme des Däumlings gehört hatten, traten sie auf ihn zu.

„Oh, ein Eindringling!“, sagte die große mit dem Schlapphut.

„Guten Tag, Entschuldigung, ich ...“, setzte der Däumling vorsichtig an.

Da unterbrach ihn die mit dem flatternden Mantel: „Er hat eine Maus dabei! Als Reittier. Also ist es eigentlich ein Zweidringling!“

Die Vogelscheuchen beugten sich zu ihnen hinunter. Die Maus bekam es zunächst mit der Angst zu tun, doch es gelang dem Däumling, sie zu beruhigen.

„Zweidringling“, bestätigte die Vogelscheuche mit dem Schlapphut. „Du hast recht! Wie wollen wir vorgehen?“

„Also, vielleicht ...“, setzte der Däumling noch einmal an.

„Feldverweis!“, meinte die Vogelscheuche mit dem Flattermantel. „Du sagst ihm streng und nachdringlich, dass er gehen muss. Kommt er wieder, greifen wir ihn uns. Beim dritten Mal werfen wir ihn dem Hund des Bauern zum Fraß vor.“

Der Däumling wurde blass.

„He“, sagte er. „Dürfte ich ...“

Da wurde er zum dritten Mal unterbrochen. Diesmal wieder von der Schlapphutvogelscheuche: „Das haben wir ja auch immer so gemacht. Aber schau ihn Dir einmal an. Der ist anders als die anderen Eindringlinge. Außerdem bist Du mit dem Aussprechen des Feldverweises an der Reihe.“

„Tatsächlich“, wunderte sich die Flattermantelvogelscheuche. „Ich hätte schwören können, dass ...“

„Darf ich jetzt bitte auch mal etwas sagen?“, rief der Däumling.

„Bitte, sprich! Aber fass Dich kurz!“, meinte da die Flattermantelvogelscheuche. Und dann schauten sie den Däumling beide erwartungsvoll an.

„Ich habe eine große Reise hierher unternommen, weil unser verehrtes Burgfräulein Rosalinde die besten Äpfel für ihren Apfelkuchen benötigt, denn sonst wird sie traurig. Vielleicht könnt ihr mir ein paar Äpfel geben, dann bin ich gleich wieder weg.“

„Da könnte ja jeder kommen!“, meinte die Vogelscheuche mit dem Schlapphut.

„Also, ich finde ihn ausgesprochen höflich“, bemerkte die andere.

„Höflich ist er, das muss man sagen!“, bestätigte die Schlapphutvogelscheuche.

Dann wandte sich die mit dem Flattermantel an den Däumling.

„Hör mal“, sagte sie. „Es ist unsere Arbeit, Eindringlinge fernzuhalten und die Äpfel zu beschützen.“

„Wenn ich aber hinter den Zaun reite“, schlug der Däumling vor, „dann wäre ich außerhalb und kein Eindringling. Könntet Ihr mir dann nicht einfach ein paar Äpfel durch den Zaun reichen?“

Die Schlapphutvogelscheuche nickte. „Wenn man es so sieht, ergibt sich eine ganz neue Situation.“

„Allerdings ergeben sich auch Probleme“, meinte die andere, „So viele Äpfel, wie für einen Kuchen nötig sind, kann er doch allein gar nicht tragen. Du wirst mitkommen und ihm beim Transport helfen müssen.“

„Das ist ja nun Blödsinn!“, widersprach die Schlapphutvogelscheuche. „Ich bin mir sehr sicher, dass Du an der Reihe bist, dem Besucher die Äpfel nach Hause zu tragen.“

„Tatsächlich?“, wunderte sich die mit dem Flattermantel. „Schon wieder ich?“

So besorgte sie sich einen großen Korb, füllte ihn bis zum Rand mit den allerbesten Äpfeln und begleitete den Däumling in Richtung Burg.

„Das ist sehr freundlich von Dir“, sagte der Däumling.

Die Vogelscheuche schmunzelte.

„Die Bauern schaffen es bei weitem nicht, alle Äpfel zu ernten“, erzählte sie. „Wir haben uns angewöhnt, selbst darüber zu urteilen, was mit dem Rest geschehen sollte.“

Ein paar Tage später erreichten sie die Burg. Hier prüfte Rosalinde gerade die Äpfel, die Ritter Hartmut gebracht hatte.

„Nicht schlecht“, sagte sie, und das konnte aus ihrem Munde durchaus als hohes Lob aufgefasst werden.

Und Ritter Hartmut fasste es auch so auf: „Deine Worte klingen in meinen Ohren wie Musik!“

Dann trat der Däumling mit der Vogelscheuche vor, die neugierige Blicke auf sich zog.

„Guten Tag, Rosalinde“, sagte der Däumling. „Auch ich bringe Äpfel.“

„Guten Tag Däumling“, entgegnete sie. „Und guten Tag, Vogelscheuche? ... Oh, die Äpfel sehen ja fantastisch aus. Ich werde nun prüfen, welche tatsächlich die besten sind.“

Viele Ritter hatten Äpfel gebracht. Und während die Vogelscheuche ihren Heimweg antrat, backte Rosalinde einige Bleche Apfelkuchen. Am nächsten Tag verkündete sie das Ergebnis.

„Meine Herren Ritter, lieber Däumling!“, sprach sie feierlich. „Abgesehen von wenigen Äpfeln, die nicht geeignet sind, können sich die meisten sehen lassen. Die Belohnung aber erhält ... der Däumling. Für die weltallerbesten Äpfel, die ich jemals hatte. Es gibt warmen Apfelkuchen für alle, und Du, Däumling, bekommst das erste Stück!“

„Vielen Dank“, sagte der Däumling unter dem Applaus der Anwesenden und war recht gerührt, denn er hatte noch nie am Kuchenessen teilgenommen, geschweige denn das erste Stück bekommen. In Anbetracht seiner Größe genügten allerdings ein paar Krümeln. Die wurden auf einem glänzenden Teelöffel serviert, weil es keinen für den Däumling passenden Teller gab.

„Ritter Hartmut“, sprach Rosalinde weiter. „Dir muss ich auch noch etwas mitteilen: Deine Äpfel waren die zweitbesten. Ich habe eigentlich nur eine Belohnung ausgelobt, aber ... Naja, Du bekommst das zweite Stück Apfelkuchen.“

„Danke“, sagte Ritter Hartmut mit verhaltener Freude.

So begann der große Kuchenschmaus. Und es gab reichlich Schlagsahne dazu. Die meisten Ritter aßen zwei Stücke und waren danach bester Laune. Anschließend gingen alle zur Arbeit über, nur Ritter Hartmut saß da mit gesenktem Kopf.

„Was ist los?“, fragte Rosaline.

„Ich dachte“, gestand der Ritter, „es geht bei dem Wettbewerb um Deine Hand. Und außerdem dachte ich, ich würde gewinnen.“

„Also wirklich“, staunte Rosalinde. „Weder für einen Krug Wasser vom Brunnen noch für ein paar Äpfel würde ich heiraten. Ich würde aus Liebe heiraten, nicht als Belohnung.“

„Verstehe“, sagte Ritter Hartmut.

Rosalinde setzte sich neben ihn und rümpfte die Nase.

„Ritter Harmut“, sagte sie. „Wenn Du gründlich gewaschen zu mir kommst und einen aufrichtigen Heiratsantrag vorträgst, dann könntest Du von meiner Antwort überrascht sein.“

„Tatsächlich?“, fragte Hartmut, und Rosalinde nickte.

Der Däumling genoss nun in der Burg das höchste Ansehen und ging als Apfelheld in die Chronik ein. Und am nächsten Tag trat Ritter Hartmut von Ochsenstein frisch gewaschen, mit glänzend polierter Rüstung und geschmackvoll zusammengestelltem Blumenstrauß vor Rosalinde.

„Liebe Rosalinde, ich stehe vor Dir, weil ich ...“, begann er und wurde dann rot. Ansprachen dieser Art waren nicht seine Sache. Er war ein Mann der Tat, und so sehr er auch nach Worten suchte, er fand keine. „Ähm ...“, sagte er. „Also ich frage ... möchtest Du ... vielleicht ... ähm ...“

Rosalinde erlöste ihn: „Kürzen wir das ab: Ja, ich will. Komm rein. Es gibt Apfel-Streuselkuchen mit Zimt und Schlagsahne!“

Sie lächelten einander an, und Ritter Hartmut nahm ihre Hand. Bald schon wurde eine wunderschöne Herbsthochzeit gefeiert, bei der neben vielen anderen Dingen, die wunderbar waren, vor allem das Kuchenangebot in allerbester Erinnerung bleiben sollte. Und wenn sie nicht gestorben sind, dann leben sie noch heute.

Teelöffelmärchen

Die Prinzessin und der Silberlöffel

Es war vor langer Zeit einmal eine Prinzessin in Lugabugien, die lebte mit ihrem Prinzen in einem wunderschönen Schloss am Rande eines großen Waldes. Während die Schlösser anderer Prinzenpaare nur alle Jubeljahre mal von gewöhnlichen Untertanen betreten werden durften, gingen in diesem Schloss die einfachen Leute beinahe täglich ein und aus, denn die Prinzessin hatte es sich zur Angewohnheit gemacht, sooft es eben ging, eine Teegesellschaft zu veranstalten, an der auch das gemeine Volk beteiligt wurde.

Es gab einen Hofrat, dessen einzige Aufgabe darin bestand, die Teegesellschaften zu organisieren. So kümmerte er sich nicht nur darum, gemeinsam mit dem königlichen Konditor festzulegen, welche Arten von Kuchen und Gebäck gereicht werden sollten, er überwachte auch höchstselbst den Einkauf und die Zubereitung erlesener Tee- und Kaffeesorten. Zudem oblag es seiner Verantwortung, darauf zu achten, wie die Tafel gedeckt wurde.

„Nur weil meine Gäste möglicherweise nicht daran gewöhnt sind, an vornehmen Gesellschaften teilzunehmen“, meinte die Prinzessin, „sollen sie nicht geringschätzig behandelt werden. Ob Gräfin oder Stallbursche – jeder soll von einem feinen Teller essen. Jeder Platz soll gleich gedeckt sein, von der Tasse bis zur Kuchengabel.“

Die wichtigste Aufgabe des Hofrats aber war es, Tag für Tag neue Gästelisten für die Teegesellschaften der Prinzessin zusammenzustellen, denn in der Regel wurde ein Untertan nur einmal eingeladen. Um dies sicherzustellen, hatte er ein Losverfahren entwickelt. Jeder Untertan, der beim Amt gemeldet war, nahm an der Auslosung teil. Und wer bereits ausgelost worden war, wurde vom Hofrat in einem Gästebuch eingetragen. Es sollte eben gerecht sein, und möglichst viele sollten die Gelegenheit bekommen, an einer Teegesellschaft teilzunehmen. Hin und wieder wurden allerdings auch Einladungen für besondere Verdienste vergeben, und so kam es durchaus vor, dass jemand auch ein zweites oder drittes Mal eingeladen wurde.

Es war der Prinzessin wichtig, möglichst unterschiedliche Gäste zu haben, und meistens waren auch die einzelnen Teegesellschaften sehr gemischt. So war es durchaus üblich, dass neben einem Baron und einem hohen Minister ein einfacher Kupferschmied und eine Dienstmagd saßen. Einmal war sogar ein Kobold zu Gast gewesen, der allerdings die Ehre der Einladung kaum zu schätzen gewusst hatte, denn sein Benehmen hatte doch sehr zu wünschen übrig gelassen, und so war er bereits sehr zeitig wieder verabschiedet worden.

An jeder Teegesellschaft nahmen elf Gäste teil, denn so waren es zusammen mit der Prinzessin zwölf, und das war ihre Glückszahl. Über die Jahre waren schon viele Untertanen zu Besuch im Schloss gewesen.

Der Hofrat war seiner Arbeit immer sehr gewissenhaft nachgegangen. Und auch wenn viele der Gäste nicht richtig lesen konnten, legte er größten Wert auf die Gestaltung der Einladungen. Die Tradition der Teegesellschaft war im gesamten Königreich bekannt, und wer eine Einladung zugestellt bekam, konnte sich sehr darüber freuen.

„Ich bin so gespannt, wie die Prinzessin lebt", sagten einige.

„Wie sie wohl gekleidet ist?", fragten sich andere. Oder: „Ob es wohl unhöflich ist, mehr als ein Stück Kuchen zu essen?"

Die meisten freuten sich besonders auf den Kuchen, denn der königliche Konditor war berühmt für seine ausgefallenen Kreationen. Seine besondere Spezialität war der Zupfkuchen, den auch die Prinzessin über alles liebte.

Eines Tages nun kam der Hofrat zur Prinzessin, um mit ihr die Gästelisten für die nächsten Gesellschaften zu besprechen.

„Frau Prinzessin", sagte er, „übermorgen wird es eine ganz besondere Teegesellschaft geben."

„Ja?", fragte die Prinzessin. „Wer wird uns denn mit seinem Besuch beglücken?"

„Ich habe neulich zufällig eine der weisen Frauen des Reiches getroffen", erklärte der Hofrat. „Und da habe ich mir erlaubt, sie einzuladen."

„Eine vortreffliche Idee“, lobte die Prinzessin. „Eine gute Fee passt gewiss sehr gut in die Gästeliste. Welche ist es denn?“

„Es sind“, meinte der Hofrat, „alle guten Feen. Eine Teegesellschaft der Weisheit sozusagen. Ihr wisst ja, die guten Feen mischen sich nicht gerne unters Volk. Sie wollen unerkannt bleiben, um nicht andauernd mit den Wünschen und Anliegen der Leute behelligt zu werden.“

„Aber sag, Hofrat“, stutzte die Prinzessin, „gibt es nicht dreizehn gute Feen?“

„Das stimmt“, bestätigte der Hofrat, „das heißt, es wird dann ausnahmsweise zwei Gäste mehr geben.“

„Aber wie wollen wir die denn angemessen bewirten?“, fragte die Prinzessin besorgt. „Gerade mit den weisen Frauen sollte man es sich nicht verscherzen.“

„Ich kann Euch beruhigen“, entgegnete der Hofrat. „Es ist für alles gesorgt: Die Tafel ist lang genug für vierzehn Plätze. Und da wir noch einige gleiche Tafelstühle besitzen, wird es in dieser Hinsicht kein Problem geben. An Tassen und Tellern mangelt es nicht, und auch Kuchengabeln haben wir in ausreichender Menge. Fünfzehn Stück, um genau zu sein.“

„Das klingt gut“, meinte die Prinzessin halbwegs erleichtert. „Und wie sieht es mit Silberlöffeln aus?“

„Davon müssten genauso viele da sein wie von den Kuchengabeln“, vermutete der Hofrat. „Sie gehören zur gleichen Garnitur.“

Doch als die beiden gemeinsam nachsahen, mussten sie feststellen, dass es keine fünfzehn Silberlöffel gab.

„Da sind nur dreizehn“, bemerkte die Prinzessin und erblasste. „Warum gibt es fünfzehn Kuchengabeln, aber nur dreizehn dazu passende Löffel?“

„Oh“, entgegnete da der Hofrat. „Da kommt mir gerade etwas in den Sinn. Erinnert Ihr Euch, dass im letzten Jahr ein Magier zu Gast war? Einer seiner Tricks war das Verbiegen von Löffeln mit der Kraft seiner Gedanken.“

„Richtig“, erinnerte sich die Prinzessin. „Hat er ihn denn danach nicht wieder geradegebogen?“

„Nein“, sagte der Hofrat. „Ich fürchte das Küchenpersonal hat den verbogenen Löffel nicht wieder in Ordnung gebracht, sondern einfach entsorgt.“

„Dann müssten aber doch noch vierzehn da sein“, bemerkte die Prinzessin. „Warum sind es nur dreizehn?“

„Das könnte daran liegen, dass Ihr in der letzten Woche einen Taschendieb zu Gast hattet“, vermutete der Hofrat.

„Wenn er doch nur eine Gabel gestohlen hätte“, schimpfte die Prinzessin. „Dann hätten wir von beiden jeweils vierzehn, und es wäre kein Problem, die dreizehn Feen und meine Wenigkeit angemessen zu bewirten.“

„Vielleicht könntet Ihr oder eine der Feen den Tee mit der zusätzlichen Kuchengabel umrühren“, schlug der Hofrat vorsichtig vor.

„Nein“, sagte die Prinzessin traurig. „Wie man es dreht und wendet: Es fehlt für die Teegesellschaft zumindest ein passender Silberlöffel. Und das bedeutet, dass eine angemessene Bewirtung nicht möglich ist. Gerade bei den dreizehn Feen ist das eine mehr als peinliche Situation. Die Damen können ziemlich nachtragend sein.“

Blass und mit gesenktem Haupt zog sie sich in ihre Gemächer zurück, und der Hofrat fürchtete, dass sie ihm die fehlenden Silberlöffel als schweren Fehler ankreiden würde. So zog auch er sich zurück. Es gab ein Kämmerlein im Schloss, in dem er einen Schreibtisch hatte und die Gästebücher verwaltete. Hier dachte er nach und versuchte, eine Lösung zu finden.

Da ihm jedoch keine einfiel, fasste er sich schließlich ein Herz und ging zum Prinzen. Der Prinz war bei den Untertanen wie auch beim Hofpersonal sehr beliebt, denn er hörte immer gut zu und entwickelte oft wunderbare Ideen für die Lösung besonderer Probleme.

„Herr Prinz“, stammelte der Hofrat verlegen, als er in den Thronsaal trat. „Ihr hattet mal gesagt, dass ich zu Euch kommen könne, wenn ich mit der Prinzessin ein Problem habe.“

„Da verwechselst Du etwas“, meinte der Prinz lächelnd. „Wir hatten vereinbart, dass ich zu Dir kommen kann, wenn ich ein Problem mit ihr habe. Immerhin bin ich derjenige von uns beiden, der mit ihr verheiratet ist.“

„Oh, Verzeihung“, stammelte der Hofrat und errötete.

„Aber, aber“, sagte der Prinz. „Das ist doch kein Grund, den Kopf hängen zu lassen. Berichte mir, was Du auf dem Herzen hast.“

Da erzählte der Hofrat die ganze Geschichte, und der Prinz hörte wie üblich sehr genau zu. Da er die Prinzessin und die Bedeutung ihrer Teegesellschaften kannte, fiel es ihm leicht, sich in das Problem hineinzuversetzen. Schließlich, als alles erzählt war, seufzte der Hofrat und ließ sich auf einen Stuhl sinken.

„Weißt Du?“, meinte der Prinz. „An die Prinzessin werden immer höhere Ansprüche gestellt als an andere Gastgeber. Zudem möchte sie nicht, dass man schlecht von ihr denkt. Sicherlich wäre das mit dem fehlenden Löffel für viele nicht weiter erwähnenswert. Und wer weiß? Vielleicht würde es den meisten nicht einmal auffallen. Aber ihr ist das ungemein wichtig, und sie wird keine ruhige Minute haben, bis das Problem gelöst ist.“

„Jetzt fühle ich mich noch schlechter“, schluchzte der Hofrat.

„Das musst Du nicht“, sagte der Prinz ruhig. „Es war an der Zeit, die dreizehn Feen einzuladen, und dass nun ein Löffel für die Teegesellschaft fehlt, ist nicht Deine Schuld.“

„Und was nun?“, fragte der Hofrat.

„Ich kümmere mich darum“, sagte der Prinz.

„Wie meinen?“, wunderte sich der Hofrat.

„Es ist ganz einfach“, erklärte der Prinz. „Wenn etwas in der Küche fehlt, das eingekauft werden muss, dann schicken wir eine Küchenhilfe, sich darum zu kümmern. Wenn eine Nachricht zu überbringen ist, dann schicken wir einen Boten. Die Sache mit den Löffeln ist für die Prinzessin eine Herzensangelegenheit. Und sobald es um das Herz der Prinzessin geht, bin ich zuständig."

„Ach ja?", sagte der Hofrat.

„Jawohl", sprach der Prinz weiter und lächelte sanft. „Das Löffelproblem fällt in meinen Aufgabenbereich. Ich werde mich auf die Reise machen und versuchen, einen passenden Silberlöffel zu besorgen. Immerhin sind es noch zwei Tage bis zur Teegesellschaft. In der Zeit sollte das zu schaffen sein."

„Und was sage ich, wenn jemand nach Euch fragt?", fragte der Hofrat.

„Dann sagst Du, dass ich wegen dringlicher Staatsgeschäfte auf Reisen bin und übermorgen zurück sein werde", verkündete der Prinz. „Und nun sei so gut und zeige mir die Silberlöffel, damit ich auch sicher den richtigen besorge."

Der Hofrat ging voran und nahm einen Löffel aus dem Kuchenbesteckkasten. Der Prinz sah ihn sich ganz genau an und gab ihn dann zurück.

„Wollt Ihr ihn nicht mitnehmen?", fragte der Hofrat. „Sozusagen als Musterlöffel?"

„Besser nicht", erklärte der Prinz. „Stell Dir nur mal vor, die Prinzessin merkt, dass ein weiterer Löffel fehlt. Sie würde sich erst über die Maßen erschrecken und sich dann noch schlechter fühlen. Ich habe mir den Löffel gut eingeprägt. Das muss genügen."

Mit diesen Worten verabschiedete sich der Prinz und brach sofort auf. Der Hofrat stand noch lange am Fenster und sah ihm nach. Schließlich drehte er sich um und besann sich auf seine Aufgabe: die Vorbereitung der Teegesellschaft.

Immer dann, wenn der Prinz auf Wanderschaft ging, um jemanden zu besuchen oder etwas zu erledigen, trug er seine Wanderschuhe und nahm seinen Wanderstock in die Hand und seinen Rucksack auf den Rücken. Außerdem trug er dann einen Hut, der einen kleinen Schatten in sein Gesicht warf, denn er wollte nicht als Prinz erkannt werden. Das Wichtigste aber war für ihn ein kleines Medaillon, das er wie eine Taschenuhr trug, und das ein Bild seiner Prinzessin enthielt.

Der Prinz wanderte einfach so drauflos. Auch wenn das Löffelproblem die Prinzessin sehr belastete, hoffte er, dass es leicht zu lösen sein würde, denn Löffel konnte man schließlich bei Löffelmachern und Silberschmieden kaufen. Und da er als Prinz fast den gesamten Tag über sitzen musste, meistens auf dem Thron oder in Besprechungen mit irgendwelchen Ministern, war ihm diese Wanderung eine willkommene Abwechslung, zumal sie auch noch einem guten Zweck diente.

Irgendwann kam er an einem großen See vorbei, an dessen Ufer nahe der Straße ein winziges Dorf lag. Es bestand nur aus wenigen Häusern. Der Prinz entschloss sich, hier eine kleine Rast einzulegen und schlenderte die Dorfstraße entlang. Dörfer wie dieses besuchte er nicht oft, und er war sich sicher, dass er hier keine Silberlöffel finden würde. Es gab einen kleinen Krämerladen, einen Tischler und einen Hufschmied, aber alle Ladentüren waren verschlossen, und das Dorf schien menschenleer zu sein.

„Ist hier jemand?“, rief der Prinz zaghaft, doch er bekam keine Antwort.

Er klopfte an einige Türen, und auch da gab es keine Regung. Da ihm ein verlassenes Dorf als Raststätte ein wenig zu unheimlich erschien, wollte er schon wieder aufbrechen, doch da hörte er aus der Ferne Stimmen.

Der Prinz folgte ihrem Klang und verließ das Dorf über einen Trampelpfad, der zwischen Bäumen und Sträuchern hindurchführte und an einem kleinen Anleger am Ufer des Sees endete.

Dort standen viele Menschen zusammen und schauten auf den See hinaus. Zunächst konnte er nicht erkennen, wonach sie Ausschau hielten, doch als der Prinz näher herantrat, konnte er ein Ruderboot ausmachen, das in einiger Entfernung auf dem See schwamm, und in dem zwei Männer saßen.

„Hoffentlich geschieht ihnen nichts“, sagte eine Stimme aus der Menge.

„Entschuldigung“, sprach der Prinz einen alten Mann an, der offensichtlich kaum noch einen Zahn im Mund hatte und auf einen Stock gestützt stand. „Was ist denn hier los?“

„Junger Mann, Du musst lauter sprechen“, gab der Alte zurück, und der Prinz wiederholte seine Frage.

„Geht es vielleicht etwas leiser?“, zischte eine Frau.

„In dem See“, erklärte der Alte schließlich, „lebt seit einiger Zeit ein Wassermann. Seitdem ist hier nichts mehr sicher. Nachts erklingen sonderbare Geräusche, und er will unsere jungen Frauen entführen und auf den Grund des Sees ziehen.“

„Bei uns leben überhaupt keine jungen Frauen“, meinte die Frau und verdrehte die Augen.

Der Prinz sah sich um. Die Dorfbewohner, die sich hier versammelt hatten, waren tatsächlich älter als die Menschen, die man in Lugabugien gemeinhin als *jung* bezeichnete.

„Ich finde alle Frauen unseres Dorfes jung“, sagte der Alte.

„Im Vergleich mit Dir sind auch alle jung“, entgegnete die Frau. „Du bist der Dorfälteste, und zwar mit großem Abstand.“

„Und ich bin wichtig“, meinte der Alte. „Selbst die Prinzessin hat mich schon zum Tee eingeladen. Und ich kann Euch sagen, die ist wirklich jung. Jung und schön.“

„Die Prinzessin holt der Wassermann ganz bestimmt nicht“, meinte da die Frau. „Die Prinzessin wird gut bewacht.“

„Das mit dem Wassermann ist aber in der Tat etwas unheimlich“, mischte sich der Prinz wieder ein. „Und was machen die Ruderer auf dem See?“

„Sie bringen ihm Opfergaben, um ihn zu besänftigen“, sagte der Alte.

Der Prinz stellte sich neben ihn und schaute ebenfalls auf den See hinaus. Die beiden Ruderer standen langsam auf, worauf das Boot leicht zu schwanken begann. Dann hoben sie gemeinsam eine schwere Holzkiste über den Bootsrand, was das Schwanken noch verstärkte.

„Hoffentlich geschieht ihnen nichts“, murmelte wieder eine Stimme aus der Menge.

„Was ist in der Kiste?“, wollte der Prinz nun wissen.

„Wir haben im Dorf gesammelt“, antwortete der Alte. „Jeder, der etwas Wertvolles hatte, hat es hergegeben. Halsketten, Ringe, Silberbesteck.“

„Silberbesteck?“, fragte der Prinz mit großen Augen.

In dem Moment ließen die Ruderer die Kiste los, und sie platschte ins Wasser. Der Prinz hob den Arm in die Luft und wollte noch „Halt!“ rufen, doch es war ja längst zu spät. Nun stand er verdutzt da, starrte auf das Wasser und stellte sich vor, wie die Kiste immer tiefer und tiefer dem Grund entgegen sank, und wie sie sich leicht öffnete und dabei offenbarte, dass Hunderte kleiner Silberlöffel in ihr steckten, die ganz genau so aussahen wie die der Prinzessin.

Und während die Ruderer sich wieder setzten, um an Land zurückzukehren, entschloss sich der Prinz, auf seine Rast zu verzichten und seinen Weg fortzusetzen.

Viele Stunden lief er weiter und folgte der Straße Richtung Stadt. Mal wurde er von einer Kutsche oder einem Karren überholt, mal kam ihm ein Gefährt entgegen. Hin und wieder traf er einen anderen Wanderer und teilte ein Stück des Weges mit ihm. Einmal bildete er sich sogar ein, dass in einiger Höhe eine Hexe auf ihrem Besen über ihn hinweg flog.

Er lief und lief, und obgleich seine Wanderschuhe wirklich von bester Qualität waren, schmerzten ihm bald die Füße, vor allem, weil er es nicht gewohnt war, so lange zu laufen. Zudem hatte er Durst, und seine Wasservorräte waren längst aufgebraucht. Da kam er in eine verzweifelte Stimmung und hätte am liebsten laut gejammert. Doch erstens war niemand da, der ihn hätte hören können, und zweitens ziemt es sich für einen Prinzen nicht zu jammern. Dennoch sehnte er sich in diesem Moment nach seiner Kutsche, mit der er schon so oft in die Stadt gefahren war, und mit der die Reise deutlich schneller ging. Noch mehr sehnte er sich allerdings nach seiner Prinzessin.

Doch weil das Glück oft mit dem Tüchtigen ist, und er mittlerweile tüchtig erschöpft war, erreichte er in der Abenddämmerung eine Herberge, aus der das Licht auf die Straße schien. Es war für ihn keine Frage, dass er, komme, was wolle, hier die Nacht verbringen würde.

„Guten Abend“, begrüßte ihn die Wirtin in der Gaststube. „Was darf’s denn sein?“

„Ein Abendessen und eine Übernachtung bitte.“

Er bekam eine kleine Kammer unter dem Dach, und die Aussicht, sich nach dem Essen schlafen legen zu können, stimmte ihn froh. Das Abendessen wurde unten in der Gaststube serviert. Es gab Kartoffeln mit Kohl, und man hätte lügen müssen, wenn man von einer köstlichen Zubereitung hätte sprechen wollen, aber das Opfer eines schlechten Abendessens war der Prinz zu erbringen bereit.

Zwei weitere Tische waren besetzt. Ein alter Soldat saß in einer dunklen Ecke, und im Licht der Kerze war schon von weitem zu erkennen, dass ihm die Uniform viel zu eng geworden war. An einem anderen Tisch saß ein fahrender Händler, der kurz nach dem Prinzen eingetroffen war.

Nach dem Essen bestellte der Prinz noch eine Tasse Tee mit Milch und Honig, und als die Wirtin die Tasse brachte, entschloss er sich, sie um Hilfe zu bitten.

„Wenn ich Sie noch etwas fragen dürfte?“, sagte er. „Ich bin auf der Suche nach einem Silberlöffel.“

Die Wirtin schielte nach unten, auf den Zinnlöffel, den der Prinz in seiner rechten Hand hielt, und mit dem er den Tee umrührte.

„Ist dem feinen Herrn mein Löffel nicht gut genug?“, entgegnete die Wirtin in einem Ton, den man ohne Übertreibung als gereizt bezeichnen konnte.

„Doch, doch ...“, wollte der Prinz gerade sagen, um das Missverständnis zu klären, doch er kam nicht zu Wort.

„Womöglich haben dem feinen Herrn auch Kartoffeln und Kohl nicht gemundet?“, mutmaßte die Wirtin weiter, und so langsam schäumte sie vor Wut.

„Doch, doch, das war köstlich“, log der Prinz.

„Einen Silberlöffel zum Tee hätte der feine Herr also gerne“, brüllte die Wirtin.

„Nein, nicht zum Tee! Zum Verschenken“, stellte der Prinz endlich klar, und dann war es erstmal ruhig.

„Der feine Herr verschenkt also Silberlöffel“, sagte die Wirtin, diesmal halbwegs normal.

„Es soll ein Geschenk für meine Liebste sein, und sie wünscht sich ...“, erklärte der Prinz, und wieder wurde er unterbrochen.

„Nein, das ist etwas anderes“, meinte die Wirtin und lächelte auf einmal. „Das ist romantisch.“

„Ich glaube, ich habe noch Silberlöffel im Wagen“, vermutete der Händler, der alles mitgehört hatte. „Entschuldigt mich für einen Moment!“

Er hob kurz seinen Hut an, und jeder merkte, dass das vornehm wirken sollte. Wirklich vornehm wäre es gewesen, den Hut bereits zum Essen abzunehmen, doch das spielte in dieser Herberge keine Rolle. Noch bevor er zurückkam, meldete sich auch der Soldat zu Wort.

„Ich habe drei Silberlöffel“, sagte er und griff in den Schaft seines linken Stiefels. Im nächsten Moment legte er sie auf den Tisch des Prinzen. Jeder Soldat hatte einen Löffel im Stiefel, und bei Offizieren waren es manchmal Silberlöffel.

„Der eine“, erklärte der Soldat, „gehört mir. Die anderen beiden gehörten Kameraden, die im Krieg umgekommen sind.“

„Das muss lange her sein“, vermutete der Prinz, denn er selbst konnte sich an keinen Krieg erinnern.

„Es war ein Krieg gegen einen Drachen“, erzählte der Soldat. „Damals ging es um die Ehre und einen beträchtlichen Goldschatz.“

Die Löffel waren angelaufen und hatten ihren Glanz verloren. Sie waren matt und schwarz. Außerdem waren es keine Teelöffel, sondern gewöhnliche Esslöffel.

„Ich schenke sie Dir“, sagte der Soldat. „Gib sie Deiner Liebsten und halte sie in Ehren.“

Dem Prinzen war klar, dass diese glanzlosen Besteckteile für den Soldaten eine große Bedeutung hatten, deshalb wollte er das Geschenk nicht ausschlagen. Er stand auf und gab ihm aus Dank die Hand.

„Habe ich etwas verpasst?“, fragte der in diesem Moment wieder eintretende Händler. Dann sah er die Löffel auf dem Tisch. „Die müssen poliert werden“, sagte er und setzte sich zum Prinzen, der ihn gespannt ansah, woraufhin er zwei kleine Schachteln auf den Tisch stellte.

Mit einem kleinen „Ah“ brachte der Prinz seine Neugierde zum Ausdruck, und der Händler öffnete die Erste.

„Diese Garnitur, bestehend aus jeweils zwei zueinanderpassenden Esslöffeln, Gabeln, Messern und Nachtischlöffelchen, ist aus allerbestem Silber gefertigt“, sagte er. „Ich darf mir erlauben zu erwähnen, dass es ein Zwerg war, der sie kunstvoll geschmiedet hat. Man beachte die feinen Verzierungen.“

Die Nachtischlöffel waren den Teelöffeln, wie der Prinz sie in Erinnerung hatte, durchaus ähnlich, aber irgendetwas fehlte. Dennoch entschloss er sich, die Garnitur zu kaufen.

Die zweite Schachtel enthielt zwei Kuchengabeln und zwei Teelöffel, die sich, so vermutete der Prinz, deutlich von der Garnitur der Prinzessin unterschieden. Dennoch kaufte der Prinz beide Garnituren, woraufhin der Händler sich viele Male bedankte und immer wieder kurz seinen Hut abnahm. Der Prinz öffnete die beiden Schachteln, entnahm aus der Ersten die Nachtischlöffel und steckte an ihrer Stelle die Kuchengabeln aus der zweiten Schachtel hinein. So blieben ihm vier kleine Löffel, und er konnte die etwas größere Besteckschachtel dem Soldaten schenken.

„Ein Soldat sollte niemals ohne Besteck unterwegs sein“, sagte er. „Besonders dann nicht, wenn er so gerne isst wie Du.“

In dieser Nacht träumte der Prinz von Löffeln. Er träumte von glänzenden und matten Löffeln, von alten und neuen, von großen und kleinen, von verzierten und schlichten. Und als er am nächsten Morgen erwachte, war er so durcheinander, dass er nicht mehr wusste, wie die Löffel seiner Prinzessin aussahen. Er schaute das Bild seiner Liebsten in dem Medaillon an und wünschte sich, dass sie in diesem Augenblick nicht traurig war.

Er zahlte seine Rechnung und brach früh auf. In der Stadt stattete er jedem Löffelmacher, Silberschmied und Haushaltswarenhändler einen Besuch ab. Und überall kaufte er Teelöffel: zwei aus jeder vorrätigen Garnitur. Doch je mehr Löffel er in seinem Rucksack hatte, desto größer wurde das Gefühl, den richtigen nicht dabei zu haben. Es gab so viele unterschiedliche Löffel, dass es fast unmöglich sein musste, einen zu finden, der genau passte. Schließlich, als der Prinz das Gefühl hatte, jede in der Stadt verfügbare Sorte Löffel erworben zu haben, machte er sich auf den Heimweg.

„Was ist denn", dachte der Prinz bei sich, „wenn ich noch keinen passenden Silberlöffel habe, wenn aber auf dem Grund des Sees einer liegt? Oder noch schlimmer: Wenn der Wassermann ihn sich genommen hat!"

Zunächst verwarf er den Gedanken und versuchte an gar nichts mehr zu denken, sondern einfach weiterzugehen, um möglichst bald das Schloss zu erreichen. Aber je näher er dem See kam, desto klarer entstand in ihm wieder die Vorstellung, dass die versenkte Kiste voll von Silberlöffeln war, die ganz genau zur Garnitur der Prinzessin passten.

Am frühen Abend erreichte er schließlich den See, aber er blieb auf der Straße und versuchte, ihn nicht zu beachten. Er schaute in die andere Richtung und ging noch ein paar Schritte. Doch dann musste er wieder und wieder stehen bleiben, bis schließlich der Gedanke an die möglicherweise auf dem Grund des Sees liegenden Silberlöffel stärker war als der Drang, schnell nach Hause zu kommen.

Und so wartete er bis zum Einbruch der Nacht und schlich dann im Schutze der Dunkelheit zu dem kleinen Anleger in der Nähe des Dorfes. Er wollte möglichst weder von Dorfbewohnern noch vom Wassermann gesehen werden. Immer wieder schaute er nach rechts und links, nach vorne und hinten, um sich zu vergewissern, dass er allein war.

Das Ruderboot war mit einem Seil an dem Anleger festgemacht. Es lag ganz ruhig auf dem nachtschwarzen See, und außer dem Zirpen der Grillen und dem Ruf eines Bartkauzes war nichts zu hören.

Eigentlich war der Prinz nicht besonders abenteuerlustig. Eine kleine Wanderung, um ein Geschenk zu besorgen, empfand er nicht als sonderlich aufregend. Aber der Gedanke an die traurige Prinzessin brachte ihn dazu, deutlich weiterzugehen. Der Prinz löste das Seil und setzte sich in das Boot.

„Gewiss gibt es gar keinen Wassermann“, dachte er. „Je kleiner so ein Dorf ist, desto abergläubischer sind die Dorfbewohner.“

Diese Gedanken dienten vielmehr seiner Beruhigung als dem Ausdruck seiner wirklichen Überzeugung, denn die machte sich längst als ängstliches Bauchkribbeln bemerkbar. Er ruderte dennoch auf den See hinaus, blieb aber vorsichtig und aufmerksam.

Als er in etwa die Stelle erreicht hatte, an der am Vortag die Holzkiste versenkt worden war, erklang auf einmal ein seltsames

Geräusch. Es war eine Art tiefes Raunen und kam ganz aus der Nähe. Dann war es wieder still, und einen Augenblick später erklang irgendwo aus der Ferne ein ähnliches Raunen.

Ob das der Wassermann gewesen war? Der Prinz war noch nie einem Wassermann begegnet, und auch auf der Gästeliste der Prinzessin war noch nie einer aufgetaucht. Deshalb wusste er nicht, ob man sich ganz gewöhnlich mit ihnen unterhalten konnte, oder ob sie seltsam raunende Klänge von sich gaben.

Er wollte sich jedoch nicht beirren lassen und prüfte mit dem Ruder, wie tief der See an dieser Stelle war. Da erklang das Raunen erneut. Diesmal schien es näher zu sein als beim ersten Mal. Wieder ertönte kurz darauf ein weiteres entferntes Raunen. Schließlich platschte es irgendwo hinter ihm, und der Prinz sah, als er sich umdrehte, dass etwas auf ihn zugeschwommen kam. Er konnte nicht erkennen, was es war, denn er sah im Mondlicht lediglich eine Spur, die sich durch das Wasser in seine Richtung zog.

Zuhause im Schlossgraben gab es große Karpfen, und die verursachten manchmal ähnliche Wasserbewegungen. Der Prinz zitterte auf einmal und hätte fast das Ruder fallen lassen. Was auch immer da auf ihn zukam, hatte ihn nun beinahe erreicht, und noch bevor er vor Schreck ohnmächtig werden konnte, sah er eine schuppige Hand, die sich auf den Rand des Bootes legte. Im nächsten Augenblick erklang eine tiefe Stimme.

„Was machst Du hier, mitten in der Nacht?“

Zögerlich schielte der Prinz über den Bootsrand, um zu sehen, wer da mit ihm sprach. Aus der Dunkelheit schauten ihn zwei große Augen an, die von langen, nassen Haaren umgeben waren.

„Guten Abend“, stotterte der Prinz und versuchte seine Angst hinter einem Lächeln zu verstecken. „Ich bin gekommen, weil ich mir den Schatz ansehen wollte.“

„Den Schatz?“, fragte der Wassermann.

„Ich wollte ganz bestimmt nichts stehlen“, versicherte der Prinz. „Nur hätte ich gerne einen Blick darauf geworfen und vielleicht im Tausch gegen etwas Geld ...“

„Das ist ein ungewöhnlicher Wunsch“, unterbrach ihn der Wassermann. „Aber gut. Du machst auf mich den Eindruck eines ehrlichen Mannes.“

Im nächsten Moment hielt er dem Prinzen etwas hin, das im fahlen Mondlicht wie ein Stein aussah. Der Prinz bückte sich und nahm schließlich an sich, was der Wassermann ihm reichte.

„Das ist eine Muschel“, wunderte er sich und gab sie ihrem Besitzer zurück.

„Es ist ein Muschelhorn“, berichtigte ihn der Wassermann und blies hinein. Das bekannte Raunen ertönte, und wenig später erklang aus der Ferne die Antwort.

„Meine Frau ist auf Reisen“, antwortete der Wassermann auf den fragenden Blick des Prinzen. „Sie ist für ein paar Besorgungen in einem Fluss unterwegs, aber mir liegen diese bewegten Gewässer nicht so sehr, deshalb bin ich hier geblieben.“

„Ach so", meinte der Prinz. „Weißt Du, die Bewohner des kleinen Dorfes dort drüben haben Angst vor Dir. Und sie haben, um Dich milde zu stimmen, eine Kiste mit wertvollen Dingen versenkt. Eigentlich müsste sie ungefähr hier liegen, auf dem Grund des Sees."

„Ich schaue einmal nach", sagte der Wassermann und tauchte unter. Der Prinz atmete durch, und so ungewöhnlich diese Begegnung auch war, er freute sich darüber, auch wenn in diesem Moment die Aufregung noch deutlicher spürbar war als die Freude. Wenig später tauchte der Wassermann wieder auf und wuchtete die Kiste in das Boot.

„Das erspart mir das Tauchen", freute sich der Prinz, und insgeheim war er von der Kraft des Wassermanns ziemlich beeindruckt.

„Bring sie den Menschen zurück, wenn Du magst", schlug der Wassermann vor. „Ich brauche so etwas nicht. Ich bin immer milde gestimmt, das kann ich versprechen. Auch ohne Opfergaben. Ich vermisse nur meine Frau."

„Ich vermisse meine Frau auch", sagte der Prinz. „Schau mal, ich habe hier ein Bild von ihr."

Er reichte dem Wassermann das Medaillon, und der sah es sich an, so gut es im Mondlicht möglich war. Aber Wassermänner hatten ja in der Regel gute Augen und waren durch das Leben unter Wasser daran gewöhnt, mit schwierigen Lichtverhältnissen zurechtzukommen.

„Das ist schön", meinte der Wassermann und blies in sein Muschelhorn. Die Antwort ließ nicht lange auf sich warten.

„Sie wird bestimmt bald wiederkommen", vermutete der Prinz.

„Das wird sie", sagte der Wassermann, und dann tauchte er ab.

Einen Moment lang sah der Prinz ihm nach, und dann ruderte er zu dem kleinen Anleger zurück und machte das Boot wieder fest. Allerdings gelang es ihm nicht, die schwere Kiste allein an Land zu bringen. Da räumte er sie leer und trug nach und nach die einzelnen Schmuckstücke und Besteckteile an das Ufer, bevor er zum guten Schluss die leere Kiste dahin schleppte und sie dort wieder einräumte.

Es waren sieben verschiedene kleine Silberlöffel dabei. Der Prinz betrachtete sie lange und freute sich über den leichten Glanz, den ihnen das Mondlicht gab. Ob es allerdings einen gab, der zu den Löffeln der Prinzessin passte, konnte er nicht ausmachen. Schließlich nahm er sie an sich und legte an ihrer Stelle sieben Goldmünzen in die Kiste.

„Dafür können sie sich viele neue Silberlöffel kaufen", dachte er. „Oder etwas anderes, das sie schön finden."

Die Kiste stand nun am Ende des Trampelpfades, und der Prinz war sich sicher, dass die Dorfbewohner sie dort finden und als Zeichen der Freundlichkeit des Wassermanns werten würden.

Obgleich es schon tiefste Nacht war, entschied er sich, nach Hause zu laufen, denn er vermisste seine Prinzessin, und er wollte auch nicht am See übernachten. So lief er und lief, bis er im Morgengrauen das Schloss erreichte.

„Herr Prinz, seid Ihr es“, gähnte ihm ein Wächter entgegen, der langsam dem Ende seiner Nachtschicht näher kam.

„Jawohl, guten Morgen“, entgegnete der Prinz und wurde eingelassen.

Er schlenderte durch den Innenhof und trat durch die große Tür in die Eingangshalle des Schlosses. Sofort kam ihm ein Diener entgegen.

„Ich lasse für Euch ein Bad, eine Rasur und eine frische Garderobe vorbereiten, wenn es recht ist“, begrüßte der ihn.

„Oh ja“, sagte der Prinz erfreut, „das ist mir sehr recht.“

Nachdem er rasiert, gebadet und frisch angekleidet war, trat er in den kleinen Speisesaal, in dem er mit der Prinzessin zu frühstücken pflegte. Sie saß dort bereits gedankenverloren und nippte an ihrem Frühstückstee, als er hereinkam. Auch wenn der Prinzessin in Anbetracht der immer näher rückenden Teegesellschaft eine gewisse Anspannung auf den Schultern lag, begrüßte sie den Prinzen mit größter Freude und so romantisch, wie es nur echte Prinzessinnen können. Auch der Prinz freute sich darüber, dass er wieder daheim war, und so setzten sich die beiden gemeinsam an den Frühstückstisch.

„Sag mal“, fragte die Prinzessin dann, „welche dringlichen Staatsgeschäfte hattest Du denn zu erledigen? Ich war schon etwas überrascht, muss ich sagen.“

„Silberlöffel“, antwortete der Prinz und öffnete seinen Rucksack. Unter den staunenden Augen der Prinzessin breitete er nun alle Löffel auf dem Tisch aus: die Löffel, die er in der Herberge dem Händler abgekauft hatte; die drei großen Löffel, die der Soldat ihm geschenkt hatte; die vielen, vielen Löffel, die er in der Stadt gekauft hatte; und schließlich auch die aus der Kiste, die der Wassermann vom Grund des Sees geborgen hatte.

„Das müssen mehr als hundert Stück sein“, schätzte die Prinzessin.

„Ich war mir nicht mehr sicher“, erklärte der Prinz, „wie sie genau aussehen sollten, da habe ich alle gekauft, die mir untergekommen sind.“

In diesem Moment trat der Hofrat ein, und auch er freute sich, dass der Prinz zurückgekehrt war. Dennoch fiel seine Begrüßung deutlich förmlicher aus als die der Prinzessin. Und das war ja so auch angemessen.

„Da habt Ihr ja einiges eingekauft“, sagte er, und dann holte er den Holzkasten, in dem das Kuchenbesteck für die Teegesellschaften aufbewahrt wurde. Er stellte ihn auf den Tisch und holte einen der Teelöffel heraus, damit sie nun alle Löffel vergleichen konnten.

Die Prinzessin nahm einen aus der Mitte des Tisches.

„Dieser hier ist so ähnlich“, sagte sie, „aber wenn man genau schaut, ist der Stiel zu lang. Und auch die Verzierung ist etwas anders.“

„Bei dem hier ist der Stiel ganz genau gleich lang“, meinte der Prinz, der einen anderen Löffel in der Hand hielt, „aber er hat überhaupt keine Verzierung.“

„Und dieser hier sieht ganz anders aus“, bemerkte der Hofrat.

Sie nahmen nun jeden einzelnen Löffel in die Hand, schauten ihn sich ganz genau an und verglichen ihn mit dem Kuchenbesteck. Doch es war kein passender dabei.

„Damit bleibt das Problem dann wohl bestehen“, stellte der Prinz fest. „Und alle Anstrengung war vergebens.“

„Da lässt sich wohl nichts mehr machen“, meinte die Prinzessin. „Was werden die Feen nur dazu sagen?“

Sie sah dem Prinzen tief in die Augen, und der Prinz spürte in ihrem Blick, wie dankbar sie ihm war und wie sehr sie ihn liebte. Aber er spürte auch, wie unglücklich die Situation sie machte, und wie groß ihre Angst davor war, eine Teegesellschaft zu geben, die nicht in jeder Hinsicht vollkommen war.

„Ich bereite mich jetzt auf den Besuch vor“, sagte sie schließlich und verließ den kleinen Saal.

Der Prinz und der Hofrat schauten noch einmal die Löffel an, und jeder hoffte für sich, dass sie den passenden nur übersehen hatten, und dass er zwischen all den anderen auf dem Tisch lag.

Doch so sehr sie auch hofften und suchten, es wollte sich kein passender finden lassen.

„Vielleicht gibt es ja im Keller noch einen alten Löffel, der passt“, sagte auf einmal der Hofrat. „Dass ich nicht schon früher darauf gekommen bin.“

„Im Keller?“, fragte der Prinz.

„Da lagern wir alles, was irgendwie aussortiert wurde“, erklärte der Hofrat. „Ich sehe gleich nach.“

Es verging einige Zeit, bis der Hofrat wieder auftauchte. Er hatte Staub und Spinnweben an der Jacke und hustete kräftig.

„Viel habe ich nicht gefunden“, keuchte er schließlich und legte ein paar Löffel zu den anderen auf den Tisch, doch auch bei diesen war kein passender dabei, und die meisten waren nicht einmal Silberlöffel.

Am Nachmittag schließlich kamen dann die dreizehn Feen zur Teegesellschaft. Die Prinzessin trat ihnen in der Eingangshalle entgegen und bemühte sich, sie möglichst freundlich zu begrüßen. Die Feen waren gut gelaunt, und es war ein ziemlicher Trubel in der Halle. Alle plapperten durcheinander, und schließlich trat der Hofrat zu der kleinen Gesellschaft.

„Es ist angerichtet“, sagte er. „Wenn Ihr mir bitte in das Kaminzimmer folgen mögt.“

Das Kaminzimmer war eines der schönsten des gesamten Schlosses, und die Teegesellschaften fanden fast immer dort statt. Es war groß genug, dass die lange Tafel hineinpasste, und dennoch war es durch den Kamin und einige schöne Gemälde an der Wand auch sehr gemütlich.

Die Feen traten ein, und jede suchte sich einen Platz. Die Prinzessin lief hinter ihnen her und vermied den Blick auf die Tafel so lange wie möglich. Als sie schließlich doch schaute, sah sie einen perfekt gedeckten Tisch. Das Tischtuch war faltenfrei und leuchtend weiß. Die dunkelroten Kerzen hatten alle die gleiche Länge, ganz so, wie sie es angenehm fand, und jedes einzelne Gedeck war ganz genau gleich angerichtet. Teller, Unterteller, Tassen und Servietten waren vollkommen aufeinander abgestimmt und glichen sich wie ein Ei dem anderen.

Jedes Gedeck hatte den gleichen Abstand von der Tischkante und war auch in sich nicht durch die kleinste Abweichung von den anderen Gedecken zu unterscheiden. Die Kuchengabeln waren frisch poliert und glänzten der Teegesellschaft im Kerzenlicht entgegen. Alles war genau gleich. Nur die Teelöffel nicht, denn jedes Gedeck hatte einen anderen.

Die Prinzessin erschrak und schaute die Feen an, um zu sehen, ob sie es schon bemerkt hatten. Doch die Feen standen noch zusammen und unterhielten sich angeregt. Es wurde getuschelt und gelacht, und es dauerte ein wenig, bis sich die Erste dem Tisch zuwandte. Sie erfreute sich sichtlich an der wunderbar gedeckten Tafel, doch dann kniff sie auf einmal die Augen zusammen und ließ den Blick von Gedeck zu Gedeck wandern. Schließlich lächelte sie wieder.

„Das mit den Löffeln ist ja eine entzückende Idee", sagte sie. „Mal sehen, welcher am besten zu mir passt."

Sie hopste um den Tisch herum und suchte sich einen Platz aus. Nun wurden auch die anderen Feen auf die Löffel aufmerksam.

„Ich möchte hier sitzen", meinte eine junge Fee, „bei dem Löffel mit den vielen Verzierungen."

„Ich bei diesem hier", sagte eine andere, „mir ist dieser ganz schlichte Löffel der liebste."

Und eine Fee wählte den Platz, der mit dem einzigen Löffel gedeckt war, der zu der Garnitur gehörte, die sonst immer die Tee- und Kuchentafel geziert hatte. Die Fee nahm den Löffel in die Hand und betrachtete ihn ganz genau, gerade so, als ob sie ihn kannte. Dann legte sie ihn wieder ab, seufzte zufrieden und lächelte die Prinzessin an.

So suchte sich jede einen Platz mit einem Löffel, der ihr angenehm war, und die Prinzessin setzte sich wie gewohnt an den Kopf der Tafel. Es wurde weiter geplaudert, und die Stimmung war ausgesprochen munter. Immer wieder wurde, je nach Art der betreffenden Fee, mal schrill mal weniger schrill aufgelacht. Die Prinzessin traute dem Frieden noch nicht ganz, doch ihre große Sorge wich so langsam von ihr, und sie erfreute sich an der guten Stimmung in der Runde, denn das war es doch vor allem, was sie sich für ihre Teegesellschaften wünschte.

„Frau Prinzessin“, fragte schließlich eine der Feen, „was für einen Silberlöffel habt Ihr eigentlich?“

Die Prinzessin hatte bislang noch gar nicht nachgeschaut und nahm nun behutsam den Löffel auf, der bei ihrem Gedeck lag. Sie hielt ihn hoch, sodass auch die Feen ihn sehen konnten, und betrachtete ihn gründlich.

„Es ist kein Silberlöffel“, sagte sie und war auf einmal auf ganz andere Weise aufgeregt. „Es ist ein alter Zinnlöffel. Er glänzt nur deshalb so hübsch, weil er offenbar frisch poliert wurde.“

„Nur ein Zinnlöffel?“, fragte eine Fee, die ganz in Lila gekleidet war und ein Monokel vor ihrem linken Auge trug. Offenbar war sie entsetzt.

„Oh“, bemerkte die Prinzessin. „Es ist ein ganz besonderer Zinnlöffel, denn den habe ich von meiner Großmutter zum Geburtstag bekommen. Ich glaube, es war, als ich fünf Jahre alt geworden bin. Schaut mal: Unten am Stiel ist ein lächelnder Halbmond eingearbeitet.“

Während die Feen den Löffel bestaunten, musste die Prinzessin unwillkürlich an diese Geburtstagsfeier zurückdenken.

„Ich durfte“, schilderte sie weiter und war durch die Erinnerung beinahe genauso freudig erregt wie damals, „mit diesem Löffel den Rest der Schlagsahne naschen.“

Der Tee wurde serviert, und es gab Zupfkuchen, Zitronentorte und jede Menge Plätzchen, die noch etwas Ofenwärme und den angenehmen Duft von frischem Backwerk ausstrahlten. Die

Feen applaudierten, und man wendete sich nun dem Süßgebäck zu. Über die Löffel wurde nicht mehr geredet, denn es gab ja auch viele andere Dinge, über die noch gesprochen werden musste. Und wer noch nie mit einer Fee zum Kaffeetrinken verabredet war, dem sei gesagt, dass sie unglaublich redselig sein konnten. Die Teegesellschaft jedenfalls war an diesem Tag wieder ein großer Erfolg, und gegen Ende lobten alle Feen noch einmal die Idee mit den verschiedenen Löffeln.

Schließlich geleitete die Prinzessin die Feen zum Abschied zur Tür, und das fröhliche Geschwätz drang durch alle Flure, sodass es jeder im Schloss irgendwie mitbekam. Endlich war auch die letzte Fee gegangen, und die Prinzessin konnte die schwere Tür schließen. Sie verschnaufte kurz, mit dem Rücken an die Tür gelehnt, bevor sie zurück in das Kaminzimmer trat. Der Hofrat war bereits eingetreten und machte sich ein Bild über den Umfang der Aufräumarbeiten.

„Ich hätte es nicht geglaubt“, schwärmte die Prinzessin, „aber es war eine wundervolle Idee, jedes Gedeck mit einem eigenen Löffel auszustatten.“

Der Hofrat war sehr erleichtert und strahlte über das ganze Gesicht.

„Aber die Idee stammt nicht von mir“, entgegnete er, „sondern vom Prinzen.“

„Ach“, seufzte die Prinzessin. „Er hat einfach immer die besten Ideen. Ich möchte mich gleich bei ihm bedanken.“

Der Prinz saß auf dem Thron, das heißt, eigentlich hing er mehr, als dass er saß. Der fehlende Schlaf der letzten Nacht machte sich deutlich bemerkbar, und der Prinz wäre auch schon lange zu Bett gegangen, doch er war wach geblieben, weil er unbedingt hatte wissen wollen, wie die Teegesellschaft abgelaufen war.

„Ich glaube“, gähnte er, als die Prinzessin und der Hofrat in den Thronsaal traten, „ich werde heute mal früh schlafen gehen. Und vorher möchte ich noch eine heiße Schokolade. Zum Wohlfühlen.“

„Ich werde es der Küche melden“, meinte der Hofrat und schmunzelte.

„Das ist nicht nötig“, erwiderte die Prinzessin. „Ich werde die heiße Schokolade selbst zubereiten.“

„Ihr?“, fragte erstaunt der Hofrat.

„Oh ja“, bestätigte die Prinzessin. „Diese heiße Schokolade ist ja kein gewöhnliches Getränk, sondern ein Herzenswunsch. Und für die Herzenswünsche des Prinzen bin ich zuständig.“

„Ich verstehe“, sagte der Hofrat.

Und während er die Küchenhilfen anwies, die Tafel im Kaminzimmer abzuräumen, und darüber nachdachte, wie die vielen verschiedenen Löffel in Zukunft untergebracht werden konnten, kochte die Prinzessin ihrem Prinzen eine heiße Schokolade.

Seit diesem Tag lief es bei jeder Teegesellschaft so ab, dass wie zuvor jedes Gedeck bis aufs I-Tüpfelchen gleich angerichtet wurde. Nur die Löffel mussten sich unterscheiden. Es durften keine Löffel auf der Tafel zu finden sein, die aus der gleichen Besteckgarnitur stammten. Das war seit diesem denkwürdigen Tag das Wichtigste.

Als sich die Sache mit den Löffeln erst einmal herumgesprochen hatte, brachten viele Gäste der Prinzessin als Dankeschön für die Einladung einen Teelöffel als Geschenk mit. Bald hatte sie so viele, dass sie damit ganze Vitrinen füllen konnte. Von nun an begann jede Teegesellschaft mit einer Besichtigung der Löffelsammlung.

Und diese Tradition verbreitete sich sehr bald sogar weit über die Schlossmauern hinaus. Es wurde in ganz Lugabugien üblich, wenn man irgendwo eingeladen war, dem Gastgeber einen Löffel mitzubringen.

Wunsch und Schnörkel

Vor noch längerer Zeit, die Prinzessin war damals noch ein kleines Kind, gab es einmal einen Silberschmied, der lebte in einem Haus am Stadtrand. Im Hof stand ein alter Schuppen, in dem er seine Werkstatt hatte, und im Haus gab es zur Straße hin ein kleines Ladenlokal, in dem er seine Arbeiten verkauft hätte, wenn es welche zum Verkaufen gegeben hätte. Er war nämlich so arm, dass er sich kein Silber leisten konnte, um etwas daraus zu fertigen. Sehr gerne hätte er Schmuck, Besteck oder Kerzenständer hergestellt, aber in Ermangelung von bearbeitbarem Material stand er Tag für Tag in seiner Werkstatt, reinigte dort lediglich seine Werkzeuge und musste erdulden, wie es ihm in den Fingern juckte.

Wenn er es dann gar nicht mehr aushielt, ging er mit seiner Ziege spazieren und ließ sie auf einer nahe gelegenen Wiese weiden. So ging es Tag für Tag, bis einmal eine Frau in seinem Laden auftauchte. Sie trug ein langes grünes Kleid, und ihre schwarzen Haare hatte sie zu einem Zopf gebunden.

„Guten Tag“, begrüßte er sie. „Was kann ich für Sie tun?“

Und als er ihr in die Augen sah, da fühlte er sich ganz verzaubert, denn die Frau war nicht nur wunderschön, sondern hatte auch darüber hinaus eine besondere Ausstrahlung, in einer Art, wie sie der Schmied noch nie zuvor wahrgenommen hatte.

„Normalerweise machen wir so etwas ja nicht“, begann die Frau zu erzählen, „aber ich bin eine der dreizehn guten Feen, und Du hast mir so leidgetan.“

„Ich verstehe nicht ...“, sagte der Schmied.

„Wir Feen sind dafür da, mit unserer Magie und Weisheit die Dinge ins Lot zu bringen“, erklärte die gute Fee. „Wir können sicherlich nicht jedem helfen, aber hin und wieder greifen wir eben ein und verändern den Lauf der Dinge. Manchmal, ganz selten, dürfen wir sogar notleidenden Menschen oder denen, die sich um eine gute Sache besonders verdient gemacht haben, drei Wünsche erfüllen.“

„Ich wusste gar nicht, dass es tatsächlich Feen gibt“, murmelte der Schmied. „Ich dachte, das sei nur so ein Gerede der Leute.“

„Die Leute reden vieles“, erklärte die Fee, „und manchmal ist an dem, was sie reden, sogar etwas dran.“

„Und wie kommst Du nun zu mir?“, fragte der Schmied.

„Wie gesagt“, fuhr die Fee fort, „Du hast mir leid getan, weil Du ein so netter, fleißiger und ideenreicher Mann bist und Deine Geschäfte überhaupt nicht laufen. In geschäftliche Dinge mischen wir guten Feen uns eigentlich niemals ein, aber wir haben über Dich geredet und beschlossen, Dir ausnahmsweise einen Wunsch zu erfüllen.“

„Ganz egal, was ich mir wünsche?“, fragte der Schmied.

„Im Grunde bist Du da ziemlich frei“, sagte die Fee. „Es gibt so ein paar unerfüllbare Wünsche, aber das würdest Du schon merken, wenn es so weit ist.“

„Na schön“, murmelte der Schmied und dachte nach. Die Fee wunderte sich ein wenig darüber, dass er nicht sofort sagte, was er sich wünschte, aber sie hielt dies für eine Art Bescheidenheit, was sie umso mehr darin bestätigte, dass gerade dieser Schmied ein wenig Hilfe verdient hatte.

„Und?“, fragte sie schließlich. Auch bei noch so guten Feen war die Geduld irgendwann am Ende.

„Als ich Dir vorhin in die Augen gesehen habe“, sagte der Schmied, „da war ich wie verzaubert. Ich glaube, es war Liebe auf den ersten Blick. Wahrscheinlich ist das einer von den Wünschen, die nicht möglich sind, aber ich würde mir wünschen, dass Du bei mir bleibst.“

„Zunächst einmal“, entgegnete die Fee, „überrascht mich das. Aber gut. Es ist so: Ich kann nicht Gefühle aus dem Nichts herbeizaubern. Das hast Du schon richtig vermutet. Wenn aber bereits eine ausreichende Menge an Gefühlen da wäre, dann könnte ich diese mittels Wunscherfüllung verstärken.“

„Und jetzt?“, fragte der Schmied.

„Ob Gefühle da sind, die verstärkt werden können“, meinte die Fee, „wird nun ein kleiner Zauber herausfinden. Wenn allerdings keine Gefühle da sind, müsstest Du Dir etwas anderes wünschen. Zum Beispiel, dass Dein Laden gut läuft. Mit dem Wunsch hatte ich eigentlich von Anfang an gerechnet.“

„Zuerst der Zauber“, bat der Schmied.

„Schon gut“, meinte die Fee, schloss die Augen und hielt ihre Hände so, dass die Fingerkuppen der linken Hand die der rechten ganz leicht berührten.

Der Schmied sah sie an, und obgleich es eine Weile dauerte, spürte er nicht einmal einen Hauch von Ungeduld. Im Gegenteil: Es war für ihn in diesem Moment nichts Schöneres vorstellbar, als die gute Fee betrachten zu können. Schließlich öffnete sie ihre Augen und seufzte.

„Und?“, fragte der Schmied.

Statt ihm zu antworten, trat sie auf ihn zu und küsste ihn, was ja in gewisser Weise auch eine Antwort war.

Ein paar Tage später zog sie dann bei ihm ein. Da es im Haus genug Platz gab, konnte sie sich so einrichten, wie sie es gern hatte. Mit kleiner Feenküche und allem, was dazu gehörte.

„Jetzt haben wir natürlich das Problem“, gab sie zu bedenken, „dass Dein Problem gar nicht gelöst ist und ich es auch nicht mehr lösen kann, weil Du Deinen Wunsch anderweitig verbraucht hast, was mir natürlich trotzdem auch sehr gut gefällt.“

„Kommt Zeit, kommt Rat“, meinte der Silberschmied.

Bald hatte sich bei ihnen so etwas wie eine Gewohnheit eingestellt. Sie verbrachten gerne Zeit miteinander und gingen auch täglich gemeinsam mit der Ziege spazieren. Abgesehen davon musste die gute Fee zwischendurch immer mal wieder verschwinden, um ihrer Feentätigkeit nachzugehen, und der Silberschmied putzte nach wie vor täglich seine Werkstatt.

„Was essen wir denn heute zu Abend?“, fragte er eines Tages.

„Nun, ich könnte uns rasch etwas Leckeres zaubern“, schlug die Fee vor.

„Darfst Du das denn?“, wunderte sich der Silberschmied. „Ich habe doch gar keinen Wunsch frei.“

„Es gibt Zauberei“, versuchte die Fee zu erklären, „die den Lauf der Welt betrifft, das ist die große Feenkunst. Die darf ich nicht so ohne Weiteres anwenden. Aber es gibt auch die kleine Zauberei, die einem hier und da das Leben angenehmer macht. Und das dürfen wir schon hin und wieder.“

„Und woran erkennt man den Unterschied?“, bohrte der Silberschmied weiter.

„Die Grenzen sind fließend“, meinte die Fee, schloss die Augen, und im nächsten Moment stand eine Schüssel mit einem wohlriechenden Süppchen auf dem Tisch.

„Woher stammen eigentlich die Dinge, die Du herbeizauberst?“, erkundigte sich er Silberschmied.

„Sie kommen nicht aus dem Nichts“, erklärte die Fee. „Wenn ich ein Süppchen herbeizaubere, dann kommt das aus der Küche desjenigen, der es gekocht hat. Das ist natürlich streng genommen Diebstahl. Deshalb zaubere ich immer nur Reste herbei, zum Beispiel aus der Schlossküche. Die Dinge würden sowieso weggeschüttet. Der Nachteil ist, dass man es zuerst einmal aufwärmen muss."

„Wir müssen aber nach dem Essen die Schüssel schön saubermachen, und Du zauberst sie dann zurück", sagte der Silberschmied, und die Fee nickte und lächelte ihn an.

Eines Tages nun, als die beiden wieder mit der Ziege unterwegs waren, kamen sie auf eine wunderschöne Wiese, auf der das Gras hochgewachsen und von vielen bunten Blumen umgeben war. Der Anblick war zwar schön, er hätte jedoch noch weitaus schöner sein können.

„Hier liegen ja überall leere Flaschen herum", schimpfte die gute Fee. „Ich finde ja, das gehört sich so nicht."

„Da kommt mir eine Idee", meinte der Silberschmied, und als die Fee ihn neugierig anlächelte, begann er zu erzählen: „Viele Leute trinken gerne etwas in freier Natur. Und diese wundervolle Wiese lädt ja auch wirklich dazu ein, es sich hier für einen Moment gemütlich zu machen. Sie bezahlen jedoch nur für das Getränk, nicht für die Flasche. Wenn sie die Flasche also leer getrunken haben, ist sie für sie nichts mehr wert. Und deshalb lassen sie die leeren Flaschen einfach zurück. Es ist reine Bequemlichkeit."

„Und was ist jetzt die Idee?", fragte die Fee.

„Ganz einfach“, erklärte der Schmied. „Man müsste dafür sorgen, dass auch die leeren Flaschen einen Wert haben. Es müsste ein Gesetz geben, dass eine Leihgebühr für alle Flaschen vorschreibt.“

„Das ist aber wirklich eine fabelhafte Idee“, schwärmte die Fee.

Und als die Ziege von den frischen Gräsern satt war, gingen sie nach Hause. Am Abend holte die Fee einen Briefbogen sowie Tinte und Feder hervor, und gemeinsam schrieben sie einen Brief an die Königin.

Als diese ihn einige Tage später von ihrem Postminister vorgelegt bekam, war sie schlecht gelaunt, weil die Prinzessin bei einem Waldspaziergang über eine herumliegende Flasche gestolpert war und sich den Knöchel verstaucht hatte. Nun musste sie für eine Woche im Bett liegen und bekam kalte Wickel um den Knöchel. Damals halfen kalte Wickel noch, und es war gar nicht nötig, viel Geld für Salben und dergleichen auszugeben.

Um es kurz zu machen: Der Brief sprach der Königin aus der Seele, und so sorgte sie dafür, dass der Vorschlag noch am selben Tag zu einer gesetzlichen Bestimmung wurde. Diese sollte als Pfandflaschenparagraph in die Geschichte eingehen. Zudem wies die Königin an, dass der Silberschmied und die Fee als Dankeschön eine Urkunde und ein wenig Geld erhielten.

Als der Bote in den Laden trat und Geld und Urkunde überreichte, war die Freude natürlich groß. Zudem mussten an den folgenden Tagen keine Speisen herbeigezaubert werden, weil sich der Silberschmied und die gute Fee von dem Geld ihre Lebensmittel kaufen konnten.

Eines Tages nun, als die beiden wieder mit der Ziege unterwegs waren, kamen sie auf die wunderschöne Wiese, auf der das Gras hochgewachsen und von vielen bunten Blumen umgeben war. Es gab dort keine leeren Flaschen weit und breit. Und nicht nur hieran konnte man den Erfolg des Gesetzes ausmachen, denn überhaupt wurde kaum noch eine Flasche irgendwo zurückgelassen, und die wenigen, bei denen es doch der Fall war, wurden von Flaschensammlern aufgelesen, die sich über die Pfandgebühr freuten, die sie dafür erhielten.

Doch als die Ziege gerade fraß, und Silberschmied und gute Fee sich am Anblick der Natur erfreuten, da schlug auf einmal ein großer, schwerer Klumpen neben ihnen im Gras ein. Und ehe sie Zeit hatten, sich richtig zu erschrecken, fielen in einigem Abstand ein zweiter und dritter Klumpen vom Himmel.

„Was ist das denn?“, fragte die gute Fee.

„Das sind Erzklumpen“, stellte der Silberschmied fest, und dann zeigte er zum Himmel. Dort war der Silberbaron in seinem Heißluftballon unterwegs. Er galt als einer der reichsten Männer Lugabugiens, denn er besaß viele Silberminen. Seine große Leidenschaft aber war das Ballonfahren, und er benutzte die Erzklumpen als Ballast.

„Ich finde das unerhört“, schimpfte die gute Fee. „Jetzt stell Dir mal vor, so ein Klumpen hätte uns getroffen. Es war knapp genug."

„Du hast recht“, bestätigte der Silberschmied, „aber dennoch gibt es auch gute Nachrichten.“

„Nämlich?“, fragte die Fee und war immer noch ganz aufgebracht.

„Zum einen“, erklärte der Silberschmied, „enthalten diese drei Erzklumpen Silber. Ich muss es noch herausarbeiten, aber dann könnte ich etwas Schönes daraus machen. Und zum anderen kommt mir eine neue Idee, die sich vielleicht dazu eignet, der Königin einen weiteren Brief zu schreiben.“

„Was ist es denn für eine Idee?“, fragte die Fee und lächelte ihren Silberschmied an. Sie war schon vorher stolz auf ihn, denn sie wusste, dass man sich auf seine Ideen verlassen konnte.

„Ganz einfach“, sagte er. „Es müsste ein Gesetz geben, dass Ballonfahrern das Abwerfen von schwerem Ballast verbietet.“

„Aber wie sollen sie es denn dann schaffen, weiter hochzusteigen?“, fragte die Fee.

„Sie könnten doch Sand als Ballast nehmen“, erklärte der Silberschmied. „Der müsste in Sandsäckchen am Ballon hängen. Und wenn sie ein Säckchen öffnen, dann rieselt er hinaus und verteilt sich, sodass man am Boden kaum noch etwas davon merkt. So lassen sich Schäden vermeiden.“

Noch am selben Abend schrieben sie den Brief, und wieder vergingen einige Tage, ehe der Postminister ihn der Königin vorlegte. Die war gerade in einer schlechten Stimmung, weil ihre Lieblingskutsche von einer Kanonenkugel vernichtet worden war. Dies war nicht etwa im Krieg geschehen, sondern weil ein General mit Leidenschaft für das Ballonfahren die Kugel als Ballast abgeworfen hatte und sich mit seinem Ballon gerade in diesem Moment hoch oben über der parkenden Kutsche der König befunden hatte. Zum Glück war niemand verletzt worden. Nur die Pferde waren noch eingespannt gewesen und hatten sich so stark erschreckt, dass sie noch Stunden später wie aufgescheuchte Hühner durch die Gegend gelaufen waren und die Kutschentrümmer hinter sich hergezogen hatten.

Am selben Tag erließ die Königin eine hochkönigliche Bestimmung, die später als Sandsackparagraph bekannt wurde, und schickte auch wieder einen Boten mit Geld und einer Urkunde.

„Nun habe ich mal eine Idee", sagte die Fee, und der Silberschmied hörte ihr zu. „Du hast etwas Silber aus dem Erz gewonnen und stellst nun daraus etwas her, das wir dann verkaufen können. Ich schlage vor, dass ich aus Holz ein schönes Schild mache, das wir dann außen über der Ladentür anbringen. Ein Schild macht neugierig. Vielleicht kommt jemand und kauft das, was Du nun herstellen wirst. Außerdem schreiben wir einen Brief an die Königin und bedanken uns dafür, dass sie unsere Vorschläge so wohlwollend aufgenommen hat."

„Genauso machen wir es“, bestätigte der Silberschmied, und am nächsten Tag schrieben sie zuerst den Brief und gingen dann beide an die Arbeit. Am Abend schließlich zeigte die gute Fee dem Schmied das Schild, das sie gemacht hatte. Es war ein wunderschönes Holzschild in einer ovalen Form mit kleinen Schnörkeln. Nur ein Name war noch nicht zu lesen.

„Silberschmiede fand ich etwas langweilig“, meinte die Fee. „Da habe ich es erst einmal freigelassen.“

„Da fällt uns bestimmt noch etwas ein“, sagte der Schmied und zeigte der Fee, was er gemacht hatte. Es waren ein kleiner Teelöffel mit wunderschönen Verzierungen und eine dazu passende Kuchengabel.

„Die gefallen mir sehr gut“, schwärmte die Fee, und am nächsten Tag putzte sie den kleinen Laden von oben bis unten und richtete ihn ein. Mit Kerzen und Tüchern, damit man sich darin wohlfühlen konnte. In der Mitte auf dem kleinen Tisch für die Warenauslage legte sie den Teelöffel und die Kuchengabel aus.

„Jetzt sind wir wirklich bereit für Kundschaft“, sagte der Silberschmied. „Und ich könnte für die Leute nicht nur Dinge machen, die ich mir habe einfallen lassen, sondern auch etwas, das sie sich wünschen.“

Doch es dauerte noch eine ganze Woche, ehe das erste Mal ein Kunde in den Laden trat. Genauer gesagt, war es eine Kundin. Und noch genauer gesagt, war es die Königin mit kleinem Gefolge. Die Prinzessin war dabei, und da ihr Fuß recht gut verheilte, humpelte sie nur noch ganz leicht. Zudem waren da auch zwei Soldaten als Leibwächter, denn unbewacht geht eine Königin niemals vor die Tür. Der Kutscher blieb draußen bei der neuen Kutsche und wartete.

„Guten Tag“, sagte die Königin und lächelte der guten Fee und dem Silberschmied freundlich entgegen.

„Guten Tag“, entgegneten beide gleichzeitig und verneigten sich, wie es sich gehörte.

„Ich wollte doch einmal sehen“, erklärte die Königin, „wer mir diese freundlichen Briefe und die guten Ideen schickt.“

Und dann sah sie sich im Laden um, wo es natürlich, abgesehen vom Teelöffel und der Kuchengabel, nicht viel zu sehen gab.

„Der Teelöffel und die Kuchengabel sind ja entzückend“, bemerkte die Königin. „Ich hätte gern eine Garnitur davon, bestehend aus jeweils fünfzehn Kuchengabeln und Teelöffeln.“

„Sehr gerne“, sagte der Silberschmied. „Es ist mir eine Ehre. Nur muss ich leider sagen, dass mir das Material fehlt, um arbeiten zu können.“

„Ich werde dafür sorgen, dass man es Ihnen bringt“, sagte die Königin, und genau so geschah es: Der Silberschmied hatte seinen ersten großen Auftrag.

„Nun fehlt uns aber immer noch ein Name für unseren Laden“, meinte er eines Abends.

„Oh“, entgegnete die Fee. „Eigentlich gibt es schon einen, und der steht auch schon auf dem Schild.“

„Ja?“, fragte der Schmied verwundert. „Und welcher Name ist es?“

„Wunsch und Schnörkel“, sagte die gute Fee, und der Silberschmied war darüber sehr erfreut.

Von nun an lief für die beiden alles wunderbar. Der erste Auftrag blieb, wie man sich denken kann, nicht der letzte. Da die Königin sehr zufrieden war, sprach sich bald herum, dass es da einen kleinen Laden gab, der sich auf wunderschöne Bestecke spezialisiert hatte. Und wenn der Silberschmied und die Fee nicht eines Tages in den Ruhestand gegangen sind, dann gibt es den kleinen feinen Laden sogar noch heute.

Der Zaubertrank

Einige Jahre später, zur Zeit der Teegesellschaften, lebte in einem kleinen Dorf einmal ein Zauberer. Das Dorf lag eine gute Tagesreise vom Königsschloss entfernt, und es war eines jener Dörfer, in denen jeder jeden kannte, und in denen jeder Tag beinahe genau so ablief wie der vorige. Wenn ein besonderer Duft durch das Dorf strömte, dann wussten alle sofort, wer da gerade kochte, und auch welches Gericht zubereitet wurde. Wenn ein Pferdewagen durch die Straßen fuhr, dann wusste man schon anhand der Uhrzeit, wessen Wagen es war. Und diejenigen, die keine Uhr besaßen, konnten es am Klang erkennen.

Für einen Zauberer gab es in diesem Dorf nicht viel zu tun, und doch gab seine Anwesenheit den Menschen ein gutes Gefühl. Während drei alte Soldaten für die Sicherheit zuständig waren, bestand die Aufgabe des Zauberers darin, bei besonderen Vorkommnissen einzuschreiten.

Ob nun eine Krankheit oder Seuche ausgemerzt werden oder ein Dorfbewohner von einem Hexenschuss befreit werden musste, ob ein Fluch oder sonstiger fauler Zauber abzuwenden oder ein besonderen Rat von Nöten war – der Zauberer war stets zur Stelle und darüber hinaus ein angesehenes Mitglied der Dorfgemeinschaft. Man grüßte ihn freundlich, wenn man ihn auf der Straße traf, und man hatte höchste Achtung vor seiner Meinung.

Allerdings war der Zauberer dennoch unglücklich, denn zum einen hatte es seit langer Zeit keinen Anlass mehr gegeben, der seine Hilfe erfordert hätte. Und zum anderen war er eben dadurch, dass man ihn für besonders hielt, bei vielen gewöhnlichen Dingen außen vor. So ergab sich für ihn nur sehr selten die Gelegenheit, eine Mahlzeit gemeinsam mit anderen einzunehmen. Lediglich der Bürgermeister lud ihn hin und wieder zum Essen ein, dann allerdings, weil der Zauberer zu den Weisen des Dorfes gehörte und das Essen im Rahmen einer Sitzung serviert wurde. Man sah in ihm immer nur den Zauberer, der mit Magie und Weisheit dem Wohl der Allgemeinheit diente. Dass er aber wie alle anderen menschliche Wünsche und Sehnsüchte verspürte, das ahnte niemand. So war er, obgleich ihn alle mochten, sehr einsam.

Dabei gab es eine Frau im Dorf, die er ganz besonders ins Herz geschlossen hatte. Es war Kendra, die Tochter des alten Blumenhändlers. Wenn er Glück hatte, lief sie ihm beim Blumenkauf über den Weg, und wenn er großes Glück hatte, wurde er sogar von ihr bedient.

Kendra wusste zu jeder einzelnen Blume ganz genau, wie man sie pflegen musste, und dieses Wissen teilte sie dem Zauberer auf überaus angenehme Weise mit. Wenn er dann seine Einkäufe nach Hause trug, war ihm ganz warm ums Herz.

Allerdings hatte er sich noch nie an einen ihrer Pflegehinweise gehalten, so gern er sie auch hörte, denn er benötigte die Blumen nicht, um sich an ihrem Anblick zu erfreuen, sondern um Blüten, Stängel und Blätter voneinander zu trennen, sie zu trocknen und zu zermahlen. In seiner Zauberküche gab es Hunderte kleiner Dosen, fein säuberlich beschriftet. Sie alle enthielten Pulver, zum Beispiel aus Rosenblüten, Narzissenstängeln, Lilienblättern oder anderen Pflanzen oder Pflanzenteilen. Diese Pulver benötigte der Zauberer als Zutaten für seine Zaubertränke.

Allerdings brauchte er viel mehr als nur die harmlosen Blumenpulver. Und diese anderen Zutaten waren meist nicht ganz so einfach zu besorgen. An Drachenruß und Einhornhaar konnte man ja durchaus noch kommen, aber wenn es um das Blut seltener Tiere, die Rinde exotischer Bäume oder gar verbotene Früchte ging, verhielt es sich deutlich schwieriger. All das brauchte der Zauberer jedoch, und wenn es sich um Dinge von begrenzter Haltbarkeit handelte, dann musste er sie auch regelmäßig erneuern, denn eine Zauberküche durfte niemals unvollständig sein. Sicherlich konnte es geschehen, dass er über ein oder zwei Jahre nicht den kleinsten Zaubertrank brauen musste. Wenn es dann aber so weit war und eine Zutat fehlte, dann war das für einen Zauberer unverzeihlich. Es sei denn, es wäre ein Zaubertrank aus der gefürchteten Kategorie sieben gewesen, denn in diese Kategorie fielen Tränke, die nicht dringend waren, dafür aber Zutaten erforderten, die nicht in der Zauberküchengrundausstattung enthalten sein mussten.

Eines Tages ging er wieder einmal in den Blumenladen, weil er sein Pulver der Duftveilchenblüte erneuern musste. Kendra war beschäftigt und grüßte ihn nur kurz mit einem Lächeln. Ihr Vater stellte für ihn einige Duftveilchen zusammen, und weil der Zauberer ein guter Kunde war, gab er sich dabei besonders viel Mühe. Auch der alte Blumenhändler ahnte nicht im Entferntesten, dass der Zauberer nicht der Blumenliebhaber war, für den ihn im Dorf alle hielten. Und der Zauberer brachte es nicht übers Herz, dies aufzuklären. Auch hielt er es nicht für nötig. Als er gezahlt hatte und sich anschickte, den Blumenladen zu verlassen, da zwinkerte Kendra ihm kurz zu.

Und was immer dieses kurze Zwinkern zu bedeuten gehabt hatte, es ließ dem Zauberer keine Ruhe. Jedem Ratsuchenden, der zu ihm gekommen wäre, hätte er gesagt, dass man zu seinen Gefühlen stehen sollte, und an diesem Tag nahm er sich vor, diesen Rat auch für sich selbst zu beherzigen. Er wollte Kendra endlich seine Schwärmerei gestehen. Diese Entscheidung machte ihm Mut und mit breiter Brust stellte er sich vor den Spiegel. In seiner Vorstellung legte er sich schon die passenden Worte zurecht, da fiel sein Blick auf seine Stirn und den in den letzten Jahren immer höher gewordenen Haaransatz. Eine Glatze kündigte sich an, auch wenn vielleicht noch einige Jahre vergehen würden, bis es so weit wäre. Die Vorboten aber waren mehr als deutlich.

Schlagartig verließ den Zauberer der eben gefasste Mut. Zwar war er sich sicher, dass im Dorf niemand etwas von seinem schütter werdenden Haar bemerkt hatte, da er ja immer seinen Hut trug, wenn er unterwegs war, doch wenn man einer Frau seine Gefühle offenbarte, dann schickte es sich, den Hut vom Kopf zu nehmen. Und das war in seinem Empfinden unter den gegebenen Umständen nicht möglich. Deshalb entschloss er sich zu etwas, das Zauberer in den seltensten Fällen tun, und das er noch nie getan hatte: Er wollte die Magie zu seinen eigenen Gunsten nutzen.

In seiner Zauberküche holte er eines der großen Zaubertränkebücher hervor und blätterte darin, bis er das gesuchte Rezept entdeckte. Im flackernden Kerzenschein las er flüsternd die Überschrift: „Magisches Haarwuchsmittel für ein natürliches Aussehen. Kategorie sieben."

Die Zubereitung war nicht besonders schwer. Aber es gab tatsächlich zwei Besonderheiten in der Rezeptur, die eine gründlichere Vorbereitung als gewöhnlich verlangten. Zum einen benötigte er frisches Rosenblütenpulver, und zwar nicht von irgendeiner Rose, sondern von einer besonderen. Sie trug den Namen *Straße der Erinnerung*, und ihre Blüten waren nicht rosenrot, sondern eher fliederfarben. Das zweite Ungewöhnliche war, dass er für die Zubereitung einen besonderen Löffel benötigte. Bei diesem Rezept war es wichtig, die Portionierung der verschiedenen Zutaten unbedingt mit einem *reinen* Teelöffel vorzunehmen. Das musste nicht zwangsläufig *neu* bedeuten. *Rein* war für Zauberer etwas, das bis dahin weder mit Magie noch mit bösen Taten in Zusammenhang gestanden hatte. Selbst ein Teelöffel, der bereits hundert Jahre alt und täglich in Gebrauch gewesen war, kam dafür infrage, solange er rein war.

Als er am nächsten Tag in den Blumenladen trat, kam Kendra wie so oft freundlich lächelnd auf ihn zu.

„Was kann ich denn heute für Dich tun?“, fragte sie und schaute ihn erwartungsvoll an.

„Ich benötige eine ganz besondere Rose“, erklärte der Zauberer. „Sie heißt wohl *Straße der Erinnerung*. Die hast Du vermutlich nicht hier?“

„Nein“, entgegnete Kendra und konnte sich ein Schmunzeln nicht verkneifen. „Wo hast Du nur immer diese außergewöhnlichen Ideen her?“

„Ach“, sagte der Zauberer. „die stammen aus Büchern. Aber sag mal: Kannst Du mir eine solche Rose beschaffen?“

„Vermutlich schon“, meinte Kendra. „Mein Vater fährt morgen sowieso los, um einige Besorgungen zu machen.“

Der Zauberer wusste, dass viele der Blumen, die es in dem kleinen Laden zu kaufen gab, aus der großköniglichen Gärtnerei stammten, in der es eine schier unendliche Auswahl gab. Hin und wieder brachte Kendras Vater von dort neue Pflanzen mit und konnte meist auch Sonderwünsche erfüllen.

„Dann komme ich übermorgen wieder“, sagte der Zauberer und verabschiedete sich.

Da er sich sicher war, dass er all seine Löffel schon einmal für Zaubertränke benutzt hatte, musste er sich nun um einen neuen kümmern. Eigentlich hatte er sich schon lange vorgenommen, einige *reine* Löffel anzuschaffen, denn hin und wieder benötigte er mal einen. Allerdings war dies für ihn gar nicht so leicht. Im Dorf gab es niemanden, der Löffel verkaufte, und die nächstgrößere Stadt, in der es Löffelmacher gab, war mehr als zwei Tagesreisen entfernt. Es gab jedoch ein Nachbardorf, das etwas größer war als das, in dem er lebte. Und dort gab es häufig einen Trödel- und Bauernmarkt, der auch viele Besucher aus dem Umland anzog und ein bunt gemischtes Angebot an Waren zu bieten hatte.

Der Zauberer wanderte auf gut Glück los. Über Wiesen und Felder, an einem Bach vorbei und durch einen kleinen Wald, bis er gegen Mittag sein Ziel erreichte. Und er hatte Glück, denn es gab an diesem Tag tatsächlich einen Markt. Vorwiegend wurden Eier und Äpfel verkauft. Hier und da gab es auch Tischdecken, Pullover und Pelze von verschiedenen Tieren. So stöberte der Zauberer umher und nahm Stand für Stand in Augenschein. Schließlich entdeckte er einen Händler, der verschiedenste Waren anbot. Da gab es ein kleines Ölgemälde, das eine schöne Frau vor dunklem Hintergrund zeigte. Es gab Kerzenhalter und Blumenvasen, Schmuck und einige andere Dinge.

„Was suchst Du, mein Freund?“, fragte der Händler und grinste den Zauberer an.

„Einen Teelöffel“, sagte der Zauberer. „Möglichst rein sollte er sein.“

Er glaubte nicht, dass der Händler mit diesen Worten etwas anfangen konnte, doch der nickte, als ob er ganz genau wusste, was der Zauberer meinte.

„Schau mal“, sagte er, und zwischen zwei Perlenketten fischte er einen kleinen Silberlöffel hervor.

Der Zauberer nahm ihn in die Hand und prüfte ihn ganz genau.

„Weißt Du“, erklärte der Händler. „Ich hatte mal das Glück, von der Prinzessin zum Tee eingeladen zu werden. Als Andenken hat sie mir diesen Löffel geschenkt. Eigentlich wollte ich ihn gar nicht verkaufen.“

Er hielt inne und schluchzte.

„Aber dann“, fuhr er schließlich fort, „wurde meine Tochter sehr krank, und ich muss viel Geld an den Arzt bezahlen, der sie wieder gesund machen wird. So verkaufe ich ihn nun doch.“

Was konnte es Reineres geben als das Geschenk einer Prinzessin? Der Zauberer wusste von ihren Teegesellschaften, denn auch der Schneider aus seinem Dorf war einmal da gewesen.

„Na schön“, erwiderte der Zauberer. Er hatte sich entschieden, diesen Teelöffel zu kaufen, allerdings wollte er sich nicht am Leid anderer bereichern. Deshalb war bereit, einen mehr als angemessenen Preis zu zahlen.

„Danke“, sagte der Händler, als er das Geld in seine Tasche gleiten ließ. Und mit dem Ärmel seiner Jacke wischte er sich ein Tränchen von der Wange.

Zwei Tage später betrat der Zauberer bereits am frühen Morgen den Blumenladen. Andere Kunden waren noch nicht in Sichtweite, denn der Blumenladen gehörte eigentlich nicht zu den Orten, an denen besonders dringliche Geschäfte abgeschlossen wurden, für die man sogar früh aufstehen musste.

Die Auswahl war an diesem Tag besonders groß, und die unterschiedlichen Düfte der Pflanzen hatten sich miteinander vermengt. Da gab es Glockenblumen, Anemonen, Margeriten, Lilien, Nelken, Flieder und noch einige mehr. Kendra schien noch nicht im Laden zu sein, aber ihr Vater trat ihm entgegen. In diesem Moment fiel dem Zauberer auf, dass sich der Blumenhändler, obgleich er fast doppelt so alt war wie er, an deutlich dichterem Kopfhaar erfreuen konnte.

„Du bist aber früh“, bemerkte der Blumenhändler. „Kendra hat mir gesagt, dass Du eine *Straße der Erinnerung* brauchst. Du kannst Dich freuen, ich habe Dir eine mitgebracht.“

„Danke“, entgegnete der Zauberer, „das ist gut.“

Er zahlte, nahm behutsam die Rose entgegen und bat den Blumenhändler, Kendra seine Grüße auszurichten. Im Gehen reckte er noch einmal kurz den Hals, um einen Blick in den hinteren Raum zu erhaschen, doch die Frau seiner Träume war nirgends zu sehen. Dafür bemerkte er ein leichtes Schmunzeln im Gesicht des Blumenhändlers und errötete.

In seiner Zauberküche legte er die Rose auf einen Tisch und löste die Blüte ab, um diese zu trocknen. Unter normalen Umständen hätte er gewartet, bis sie von selbst getrocknet wäre, aber diesmal nahm er einen kleinen Zauber zur Hilfe. Mit einem Mörser begann er dann, die trockenen Blütenblätter zu zerstoßen, bis sie die gewünschte Pulverform angenommen hatten.

Schließlich sammelte der Zauberer auf einem kleinen Tablett alle Zutaten, die er für die Zubereitung des Zaubertranks benötigte. Neben dem frischen Rosenpulver waren noch einige andere Pulver sowie ein eigenes Haar erforderlich. Eine ihm unbekannte Aufregung schien ihn auf einmal zu beherrschen. Er beeilte sich mehr, als es nötig gewesen wäre, und so stieß er im Zusammentragen der benötigten Pulver zwei Döschen um, die auf dem Regalbrett gestanden hatten, auf dem die Pulver mit den Anfangsbuchstaben E und F aneinandergereiht waren. Sie fielen zu Boden und entleerten sich.

Fledermaushaar und *Flieder*, bemerkte der Zauberer und atmete durch, um sich zu beruhigen. Mit dem Ärmel tupfte er sich den Schweiß von der Stirn. Die beiden Pulver brauchte er für seinen Trank nicht, daher kehrte er sie schnell zusammen und nahm sich vor, in den nächsten Tagen für Ersatz zu sorgen.

Als am späten Nachmittag das Wasser in dem kleinen Kupferkessel über dem Feuer zu kochen begann, gab der Zauberer rezeptgetreu und aufs Genaueste mit dem Silberlöffel bemessen die einzelnen Zutaten hinzu. Ein eigentümlich säuerlicher Geruch breitete sich aus, und als der Trank fertig war, ließ er ihn genau eine Stunde stehen, bevor er sich einen Becher abschöpfte.

Diesen führte er noch nicht zum Mund, sondern betrachtete sich zunächst noch einmal im Spiegel. Sollte er wirklich trinken? Oder wäre es nicht doch besser, alles so zu belassen, wie es war? Die Zweifel verflüchtigten sich ebenso schnell, wie sie gekommen waren, und so trank er schließlich. Nach einem zögerlichen ersten Schluck leerte er den Becher in einem Zug und schaute dann wieder in den Spiegel. Zunächst schien es, als sei der Trank ohne Wirkung geblieben, doch dann entdeckte der Zauberer hinter sich eine durchscheinende Gestalt. Erschrocken drehte er sich um.

„Guten Abend“, erklang die Stimme des sonderbaren Wesens. Der Zauberer konnte weder im Aussehen noch im Klang der Stimme ausmachen, ob es ein Mann oder eine Frau war. Es war geisterhaft, soviel stand fest. Das Gesicht wirkte jedoch freundlich, und in Händen hielt das Wesen Kamm und Schere.

„Wer bist Du?“, fragte der Zauberer vorsichtig.

„Ich bin der Zauber“, antwortete das Wesen und lächelte.

„Ich habe schon oft gezaubert“, bemerkte der Zauberer. „Mit Zaubersprüchen, Tränken und auf andere Weise, aber noch nie ist mir ein Zauber als lebendiges Wesen erschienen.“

„Das ist mir bekannt“, sagte der Zauber. „Diesmal besteht allerdings ein Problem, und dass ich Dir erschienen bin, ist eine reine Nettigkeit von mir. Ich hätte nicht müssen.“

„Es gibt ein Problem?“, fragte der Zauberer verwundert.

„Bevor gleich alles völlig schiefgeht“, meinte der Zauber, „möchte ich Dir erklären, woran es liegt.“

„Es wird schiefgehen?“

Ein Schauer lief dem Zauberer über den Rücken und seine Hände wurden feucht.

„Kein Grund, ängstlich zu werden“, bemerkte der Zauber. „Das Rezept für das Gegenmittel ist einfach und auf Seite 241 zu finden.“

„Was ist denn nun das Problem?“, drängte der Zauberer. „Ich habe alle Zutaten sorgfältig ausgewählt und genau so bemessen, wie es im Rezept steht.“

„Du hast alles ganz genau richtig gemacht“, bestätigte der Zauber. „Nur war der Löffel nicht rein.“

„Aber der Händler hat doch ...“, setzte der Zauberer zu einer Erklärung an.

„Er hat gelogen“, meinte der Zauber. „Der Löffel war gestohlen. Hast Du im Ernst geglaubt, die Prinzessin verschenkt ihr Silberbesteck?“

Kraftlos ließ sich der Zauberer auf einen Stuhl sinken und dachte an den Kauf des Teelöffels zurück.

„Jetzt lass Dich nicht hängen“, sagte der Zauber. „So etwas kommt schon mal vor. Niemand ist vollkommen.“

„Und was jetzt?“, fragte der Zauberer.

„Du hast einen Haarwuchszauber bewirken wollen“, meinte sein geisterhaftes Gegenüber, „der zu einem natürlichen Aussehen führt. Eine etwas eitle und zudem ziemlich überflüssige

Maßnahme, wenn Du mich fragst. Aber gut, das muss jeder selbst entscheiden. Durch den unreinen Löffel wird nun auch die Wirkung des Zaubers unrein. Will sagen: Das mit dem natürlichen Aussehen kannst Du vergessen."

„Los! Bringen wir es hinter uns", sagte der Zauberer.

„Ich bin froh, dass Du das so siehst", entgegnete der Zauber. Im nächsten Moment wirbelte er drauflos, immer um den Zauberer herum, der sich auf einmal fühlte, als würden Tausende von Ameisen über seinen Körper krabbeln. Er sank immer tiefer in seinen Stuhl.

Schließlich war der Zauber bewirkt, und von seiner geisterhaften Erscheinung war nichts mehr zu sehen. Der Zauberer spürte eine Veränderung, nur wusste er noch nicht, welcher Natur sie war.

Zögerlich erhob er sich aus dem Stuhl und schaute in den Spiegel. Sein Gesicht war mit dichten, dunklen Haaren bewachsen, und als er die Hand hob, um seine Wange zu berühren, sah er, dass seine Hand und seine Finger ebenfalls haarig waren. Er krempelte seine Ärmel hoch. Für seine Arme galt das Gleiche, und schließlich musste er feststellen, dass sein gesamter Körper von oben bis unten mit dunklen Haaren bewachsen war.

Mit zitternden Händen blätterte er in dem Zaubertränkebuch, bis die Seite 241 aufgeschlagen vor ihm lag. Beim Studieren der Zutatenliste für das Gegenmittel lief ihm abermals ein kalter Schauer über den Rücken, denn gleich an erster Stelle war *Pulver vom Gemeinen Flieder* zu lesen.

Als der Mond hoch am Himmel stand, verdunkelten sich nach und nach die Fenster der Häuser, und das Dorf war ganz still. Auf Zehenspitzen und immer bemüht, im Schatten zu bleiben, schlich der Zauberer zum Blumenladen. Er schaute sich nach allen Seiten um und öffnete, als er sicher war, dass niemand ihn beobachtete, das Türschloss mit seinem Zauberstab.

Im Blumenladen wagte er es nicht, für Licht zu sorgen, sondern versuchte, mit dem fahlen Mondlicht auszukommen. Bald hatte er den Flieder entdeckt, der noch an derselben Stelle stand wie in den frühen Morgenstunden. Der Zauberer schnitt sich ein Büschel ab, doch dabei stieß er mit dem Fuß gegen eine Vase, die daraufhin scheppernd und klirrend zu Boden fiel.

Schnell kniete er sich hin und bemühte sich, alles wieder zu ordnen, doch die Vase war zersprungen und auf einmal sah er vor sich seinen Schatten am Boden. Ein Blick über die Schulter verriet ihm, dass Kendra mit einer Kerze in der Hand hinter ihm stand. Sie schrie, als sie ihn sah. Schnell wandte er den Kopf wieder ab. Ohne lange zu überlegen, sprang er auf und lief durch die noch offen stehende Tür davon.

Am nächsten Morgen wurde er durch ein hektisches Klopfen an die Tür geweckt. Es war der Bürgermeister, der den Zauberer fragend ansah, als dieser öffnete.

„Wie siehst Du denn aus?“, fragte er, und genau diese Frage hätte man ihm, noch bevor er sie aussprach, aus dem Gesicht ablesen können. Der Zauberer musste sofort an die Ereignisse des vorigen Tages und vor allem der vorigen Nacht denken. Unwillkürlich fasste er sich ins Gesicht und erspürte mit den Fingerspitzen die haarlose Haut seiner Wange.

„Oh“, antwortete er schnell. „Ich habe schlecht geschlafen. Aber was führt Dich zu mir?“

„Ein Werwolf“, sagte der Bürgermeister. „Heute Nacht ist ein Werwolf in den Blumenladen eingebrochen und hat dort Flieder gestohlen.“

„Ist der Schaden groß?“, fragte der Zauberer vorsichtig.

„Kendra ist völlig verängstigt“, erzählte der Bürgermeister. „Wer will es ihr verdenken? Der sonstige Schaden ist nicht der Rede wert. Ein wenig Flieder und eine zerbrochene Vase.“

„Und die Tür?“, heuchelte der Zauberer. „Der Werwolf hat doch gewiss die Tür zerstört, um in den Blumenladen zu gelangen.“

„Nein“, widersprach der Bürgermeister. „Das hat er nicht. Vielleicht war die Tür gar nicht verschlossen. Wir können nur heilfroh sein, dass niemand getötet wurde.“

„Wohl wahr“, stimmte der Zauberer zu und atmete tief durch.

„Wie dem auch sei“, fuhr der Bürgermeister fort. „Es ist Deine Aufgabe, den Werwolf zu jagen. Das dürfte klar sein.“

„Und wenn es gar kein Werwolf war?“, meinte der Zauberer. „Mir ist jedenfalls nicht bekannt, dass Werwölfe Flieder stehlen. Zudem ist niemand tot. Ich schlage also vor, es auf sich beruhen zu lassen.“

„Die Leute haben Angst, insbesondere Kendra“, sagte der Bürgermeister und war für seine Verhältnisse außergewöhnlich bestimmt. „Es wäre wohl für alle besser, wenn wir ganz sicher wüssten, dass die Bestie niemals wiederkommt.“

„Na schön“, stimmte der Zauberer zu. „Ich werde mich heute Nacht auf die Lauer legen.“

„Das ist die Einstellung, die wir brauchen“, lobte der Bürgermeister. „Und denk dran: Gestern war der Mond noch nicht ganz voll. Wenn der Werwolf heute Nacht kommt, wird er stärker und gefährlicher sein.“

Die Nacht war sternenklar, genau wie die vorige. Das Licht des Vollmonds fiel auf die Straßen, und hinter den Fenstern, auch wenn kein Kerzenlicht brannte, waren viele Dorfbewohner wach, und der Zauberer spürte ihre Blicke auf sich gerichtet. Er hatte sich am Dorfbrunnen einen Platz gesucht, von dem aus er eine gute Sicht auf alle Straßen hatte, und wo vor allem er für jeden gut zu sehen war.

Als die Turmuhr die Mitternachtsstunde einläutete, ließ er hinter seinem Rücken heimlich ein wenig Pulver in den Brunnen rieseln, das bereits im nächsten Augenblick seine Wirkung entfaltete und Nebel aufsteigen ließ, der die Sicht auf die Straße deutlich trübte.

Der Zauberer wartete noch eine Weile, ehe er sich dann scheinbar hektisch umdrehte und seinen Zauberstab wie eine Verteidigungswaffe von sich streckte. Unter einem lauten Knall schoss schließlich ein Blitz heraus, und nachdem der Zauberer, weiterhin in Verteidigungshaltung, langsam in Richtung Schatten gegangen war, bückte er sich schließlich und hob den Wolfspelz auf, den er am Nachmittag auf dem Markt des Nachbardorfes gekauft und nach Einbruch der Dunkelheit hier versteckt hatte.

Beifall und Jubel erklangen aus den Häusern, und der Zauberer ging, nachdem er den Wolfspelz vor die Tür des Blumenladens gelegt hatte, erleichtert und doch auch mit leicht errötetem Gesicht nach Hause.

Am nächsten Morgen wurde er durch ein zaghaftes Klopfen an die Tür geweckt. Diesmal war es Kendra, und das Lächeln, das sie dem Zauberer schenkte, war deutlich weniger zaghaft als ihr Klopfen.

„Oh, guten Morgen“, begrüßte sie der Zauberer verwundert.

„Ich möchte *Danke* sagen“, sagte Kendra, die noch nie zuvor an die Tür des Zauberers geklopft hatte. „Und ich möchte auch noch etwas anderes sagen.“

„Dann komm doch rein“, schlug der Zauberer vor und spürte, dass er auf einmal ganz feuchte Hände hatte.

Er führte sie in sein kleines Wohnzimmer und kochte einen Tee, dessen angenehmer Duft sich schnell ausbreitete.

„Es gibt hier gar keine Blumen“, bemerkte Kendra erstaunt. „Das hatte ich mir anders vorgestellt.“

„Ehrlich gesagt“, erklärte der Zauberer, „benötige ich Blumen vor allem für meine Zauberei. Also als Zutaten für Tränke. Es ist nicht so, dass sie mir nicht auch gefallen, aber ich ...“

„Schon gut“, unterbrach ihn Kendra. „Danke für den Wolfspelz. Er ist kein besonders schönes, aber dafür ein sehr beruhigendes Geschenk.“

Der Zauberer schenkte ihr nun Tee ein und bemühte sich vergeblich um ein natürliches Lächeln. Schon lange hatte er sich gewünscht, mit Kendra Tee zu trinken. Nun saß sie auf seinem Sofa, und er wusste nicht, wie er sich verhalten sollte.

„Jetzt habe ich noch eine Sache“, sagte Kendra und versetzte den Zauberer in Aufregung.

„Wie heißt Du eigentlich?“, fragte sie schließlich.

„Georg“, antwortete der Zauberer verwundert.

„Jeder hier im Dorf nennt Dich nur den *Zauberer*“, meinte Kendra. „Auch mein Vater kennt Deinen Namen nicht.“

„Georg“, sagte der Zauberer ein zweites Mal, und diesmal konnte er dabei lächeln, ohne sich Mühe geben zu müssen.

„Das wollte ich schon lange wissen“, sagte Kendra und nippte an ihrem Tee.

Der Zauberer nahm seine Tasse und nippte ebenfalls.

„Ganz schön bitter“, stellte er fest und holte den Zuckertopf. Auf die Schnelle hatte er den gereinigten unreinen Silberlöffel hineingesteckt.

„Der ist aber wunderschön“, bemerkte Kendra, als sie ihn nahm und ihren Tee süßte.

Diese gemeinsame Teestunde war für beide sehr angenehm, und, soviel sei verraten, es sollte nicht die letzte sein. Wohl aber war es das letzte Mal, dass im Hause des Zauberers der besagte Silberlöffel verwendet wurde.

Im Räuberwald

Es war einmal ein Räuber, den nannte man den bärtigen Bertram, weil er einen so dichten Vollbart trug, dass man seinen Mund dahinter nicht einmal erkennen konnte, wenn er sprach. Nur, wenn der Räuber sehr laut schrie und seinen Mund dabei weit öffnete, konnte man ihn sehen. Doch das kam selten vor. Der bärtige Bertram lebte in einem Räuberhaus, das in den Tiefen eines riesigen Waldes verborgen lag. Viele nannten diesen Wald den *Räuberwald*, denn es gab neben Bertram noch viele andere Räuber, die sich hier versteckten und Reisende ausraubten.

Die meisten Reisenden zogen es deshalb vor, um den Wald herum zu reisen, doch das kostete sie manchmal zwei Tage mehr als der Weg durch den Wald. Besonders Kaufleute, die ihre Ware schnell zustellen mussten, durchquerten den Wald dennoch und hofften, von Räubern unbemerkt zu bleiben. Doch das gelang den wenigsten.

Selbst diejenigen, die geheime Schleichwege kannten, wurden oft ausgeraubt. Es wird sogar von einem Kaufmann berichtet, der auf dem Weg durch den Wald nacheinander von neun verschiedenen Räubern überfallen wurde. Als er schließlich den Wald durchquert hatte, war ihm sein gesamter Besitz genommen worden. Lediglich seine Unterhose trug er noch am Leib.

Der bärtige Bertram galt als der Gefährlichste aller Räuber. Das lag nicht etwa daran, dass die Reisenden von ihm mehr zu befürchten hatten als von den anderen. Es waren eben diese anderen, die sich vor ihm fürchteten. Vor langer Zeit hatte es nämlich unter den Räubern eine Prügelei gegeben. Man hatte gehört, dass ein Prinz durch den Wald reisen wollte, und die Räuber hatten sich darüber gestritten, wer ihn zuerst überfallen durfte. Nach vielen Stunden und noch mehr blauen Flecken und blutigen Nasen war der bärtige Bertram als Sieger aus der Prügelei hervorgegangen, was ihm damals allerdings keinen Nutzen mehr gebracht hatte, weil der Prinz die Gunst der Stunde genutzt und den Wald unbeschadet durchreist hatte. Doch nach diesem denkwürdigen Tag gab es unter den Räubern niemanden mehr, der sich mit dem bärtigen Bertram angelegt hätte. Dabei hatte er den Kampf nur gewonnen, weil er weniger als die anderen hatte einstecken müssen.

Eines Tages fuhr ein kleiner Pferdewagen durch den Wald. Der bärtige Bertram sprang wie sonst auch mit geladener Pistole hinter einem Strauch hervor und brachte das Gefährt zum Anhalten.

„Was fällt Ihnen denn ein?“, beschwerte sich die alte Dame, die neben einem Mann im Wagen saß.

„Lassen Sie nur, Frau Gräfin“, sagte ihr Begleiter, stieg aus dem Wagen und begrüßte den Räuber, indem er seinen Hut hob.

„Geld her!“, brüllte der bärtige Bertram, und für einen winzigen Augenblick war ein Teil seines Mundes zwischen den Barthaaren zu sehen. „Und zwar plötzlich!“

„Verzeihen Sie, Herr Räuber“, entgegnete da der Mann. „Die Frau Gräfin verfügt über keinerlei Besitztümer, die sie noch abtreten könnte. Wir wurden bereits zweimal überfallen.“

„Und wer bist Du?“, knurrte der bärtige Bertram.

„Johann“, erwiderte der Mann und hob erneut seinen Hut. „Ich bin der Diener der Frau Gräfin.“

„Und Geld habt Ihr keins mehr?“, bohrte der bärtige Bertram noch einmal nach.

„Nein, ich bedaure“, sagte Johann.

„Johann“, mischte sich da etwas unvorsichtig die Gräfin ein. „Sag diesem ungehobelten Klotz, dass wir jetzt weiterfahren müssen. Wir sind sowieso schon spät dran.“

„Sie haben es gehört“, sagte Johann. „Ich muss wieder einsteigen.“

„Nichts da“, knurrte der Räuber. „Wenn Ihr kein Geld habt, behalte ich Dich. Einen Diener wollte ich schon immer haben.“

„Das geht aber nicht so einfach“, beschwerte sich die Gräfin empört.

„Doch, das geht ganz einfach“, widersprach ihr der Räuber und drohte mit seiner Pistole.

So fuhr die Gräfin allein weiter. Man hörte sie noch schimpfen, als ihr Pferdewagen schon weit entfernt war. Diener Johann begleitete den bärtigen Bertram in das Räuberhaus. Das lag weit ab vom Weg und hinter Bäumen und Sträuchern verborgen. Der Räuber öffnete die Tür mit einem rostigen Schlüssel, und Johann trat ein. Er prüfte die sonderbare Behausung mit strengem Blick.

„Mit Verlaub, Herr Räuber“, sagte er schließlich, „aber statt eines Dieners hätten Sie lieber eine Putzhilfe stehlen sollen. Zwar gibt es hier kaum Mobiliar, aber die wenigen vorhandenen Möbel sind unter dem Staub kaum noch zu sehen. Außerdem wirkt der Fußboden, als sei er seit Monaten nicht gefegt worden.“

„Das kannst Du doch machen“, meinte der bärtige Bertram.

„Oh nein“, sagte Johann und schüttelte entschieden den Kopf. „Das gehört sicher nicht zu meinen Aufgaben. Diener putzen nicht. Sie weisen das Putzpersonal an.“

„Dann lassen wir es eben so“, bestimmte der bärtige Bertram.

Dann knurrte der Magen des Räubers, und man merkte, dass er schlechte Laune bekam.

„Geh jagen“, fuhr er seinem Diener an, doch der schüttelte wieder den Kopf.

„Das Jagen gehört leider auch nicht zu meinen Aufgaben. Ich bedaure.“

„Dann koch mir halt was“, sagte der bärtige Bertram.

„Man merkt, dass Sie bislang noch keinen Diener hatten“, meinte Johann. „Das Jagen ist die Aufgabe des Jägers, und das Kochen ist die Aufgabe des Kochs. Als Diener könnte ich Ihnen zum Beispiel Essen servieren, aber dann müsste es vorher jemand anderes gekocht haben.“

Darüber dachte der Räuber lange nach. Schließlich aß er einen Rest Brot, trank einen Krug Bier und war einigermaßen zufrieden.

„Mit Verlaub“, erlaubte sich Diener Johann zu erwähnen. „Da ich nun Ihr Diener bin, sind Sie für meine Ernährung und Unterbringung verantwortlich.“

„Wie bitte?“, fragte der Räuber.

„Es ist ganz einfach“, erklärte der Diener. „Ich diene Ihnen. Das ist mein Beruf. Und Sie sind mein Dienstherr. Der Dienstherr hat die Aufgabe, seinem Diener eine Dienstwohnung und angemessene Verpflegung zur Verfügung zu stellen.“

„Ich habe noch ein Zimmer mit Bett“, knurrte der Räuber. „Das kannst Du haben.“

Doch das Zimmer war sehr schmutzig, und weil ein Diener ein Anrecht auf ein ordentliches Zimmer hatte, musste der Räuber es putzen und aufräumen. Dazu brauchte er einige Zeit.

„Das genügt für den Anfang“, meinte der Diener schließlich. „Nun wollen wir über mein Abendessen nachdenken.“

Da gab es allerdings nicht viel zu denken. Wer einen Diener hatte, der musste ihn auch versorgen. So ging der Räuber doch noch auf die Jagd, und danach musste er schließlich auch noch kochen. Da sein Magen mittlerweile auch wieder knurrte, kam ihm das Abendessen jedoch sehr gelegen. Nach dem Essen ließ sich der bärtige Bertram zufrieden in einen Sessel fallen und gähnte.

„Bring mir ein Bier“, knurrte er.

„Sehr wohl“, entgegnete Johann und brachte dem Räuber einen Krug Bier aus dem Fass, das neben dem Kamin stand.

Der Räuber trank einen großen Schluck und seufzte. Ein wenig Schaum hing noch in seinem Bart. Sehr gerne hätte ihm Johann eine Serviette gereicht, doch in dem Räuberhaus gab es keine.

„Wenn ich mir eine Frage erlauben darf“, bemerkte der Diener. „Welche Morgenzeitung pflegen Sie zu lesen?“

„Gar keine“, lachte der Räuber. „Aber was soll die Frage?“

„Der Frau Gräfin habe ich morgens immer die Zeitung ans Bett gebracht“, erklärte der Diener, „und dazu eine Tasse Tee.“

„Dann bring mir doch morgen früh einen Krug Bier ans Bett“, schlug der Räuber vor.

„Wie Sie wünschen“, entgegnete der Diener und rümpfte heimlich die Nase.

Der bärtige Bertram leerte seinen Bierkrug und verlangte noch einen zweiten und schließlich auch einen dritten.

„Haben Sie sonst noch einen Wunsch?“, fragte Johann, der nach den Anstrengungen des Tages ein wenig müde geworden war.

„Im Moment nicht“, meinte der Räuber, und so ging Johann zu Bett.

Er konnte allerdings nicht besonders gut schlafen, denn er war das vornehme Dienstzimmer im Hause der Gräfin gewohnt, und das Zimmer im Räuberhaus war lange nicht so gemütlich.

Am nächsten Morgen stand er früh auf, reckte und streckte sich und zapfte dann, wie der bärtige Bertram es gewünscht hatte, einen Krug Bier. Den Krug brachte er dem Räuber ins Schlafzimmer, das von einem dröhnenden Schnarchen und einem sehr üblen Geruch erfüllt war.

„Pfui Teufel“, schimpfte der Diener. „Es stinkt wie in einer Bärenhöhle. Und es ist schrecklich unaufgeräumt.“

„Wie bitte?“, fragte der Räuber verschlafen.

Johann stellte den Bierkrug auf den Nachttisch und öffnete das Fenster. Die Vögel zwitscherten, und ein kühler Wind wehte herein.

„Lass das“, schimpfte der Räuber. „Es ist kalt!“

Dann nahm er den Krug und trank einen Schluck.

„Herr Räuber“, sagte der Diener. „Wir werden über Ihr Benehmen zu reden haben. Wer einen Diener haben möchte, der muss sich auch als eines Dieners würdig erweisen, sonst ergibt es wenig Sinn.“

„Was soll das bedeuten?“, wunderte sich der bärtige Bertram.

„Folgende Regeln gibt es“, erklärte Johann. „Erstens: Bier trinkt man nur am Abend. Zweitens: Das Haus muss aufgeräumt, geputzt und regelmäßig gelüftet werden. Drittens: Ohne Morgenzeitung ist es schwierig, man ahnt sonst nicht, was los ist in der Welt.“

„Das muss man gar nicht ahnen“, meinte der Räuber.

„Was aber wäre ...“, sagte der Diener, „... wenn die Prinzessin morgen beschließen würde, dass Geld in diesem Land nichts mehr wert ist? Stattdessen sollen die Leute mit Eicheln und Kastanien bezahlen. Sie aber, Herr Räuber, wüssten das nicht und würden den Leuten weiterhin Geld abzuknöpfen versuchen.“

„So was steht in der Zeitung?“, fragte der Räuber.

„Nicht genau das“, meinte der Diener „denn das war nur so ein Beispiel. Ich meine aber, dass man auch als Räuber auf seine Bildung achten sollte. Und zum Lesen der Morgenzeitung gehört auch frühes Aufstehen. Morgenstund hat Gold im Mund.“

„Für Gold bin ich immer zu haben“, sagte der bärtige Bertram, sprang aus dem Bett und schloss das Fenster, was Johann einen erneuten Anlass gab, die Nase zu rümpfen.

Schließlich sagte der Räuber, dass er nun zur Arbeit gehen müsse. Johann musste ihn dabei begleiten und die Räuberpistole tragen. Auf einem Tablett.

Hinter einem Busch versteckt, lagen sie bald auf der Lauer, Stunde um Stunde, bis schließlich aus der Ferne Pferdegetrappel erklang. Der bärtige Bertram ließ seinen Blick aufmerksam den Weg entlang wandern. Schließlich zeigte er auf eine Staubwolke.

„Da kommt er“, flüsterte er.

„Wer denn?“, fragte Johann.

„Das werden wir sehen, wenn er da ist“, zischte der Räuber.

Bald war der Reiter in der Nähe des Busches, hinter dem die beiden verborgen waren. Wie gewohnt sprang der bärtige Bertram aus seinem Versteck hervor.

„Hände hoch, das ist ein Überfall“, rief er.

„Verzeihung“, meinte der Reiter. „Aber ich kann dies nicht als Überfall hinnehmen, solange Sie keine Waffe tragen.“

„Ach so“, murmelte der bärtige Bertram. „Diener!“

Nun trat Johann aus dem Busch, den Rücken kerzengrade und das Kinn leicht in die Höhe gestreckt. So brachte er die Pistole auf dem Tablett. Der Räuber nahm sie und hielt sie dem Reiter unter die Nase.

„Na gut“, sagte der Reiter. „Es ist also ein Überfall. Nur habe ich leider nichts, was ich Euch geben könnte.“

„Mir müssen Sie gar nichts geben“, entgegnete Johann. „Ich bin lediglich Diener. Mein Dienstherr hier ist der Räuber. Der Überfall ist eine Sache zwischen Ihnen beiden!“

„Irgendetwas wirst Du bei Dir haben“, brummte der Räuber. „Taschen leer machen!“

Da brachte der Reiter ein winziges Päckchen zum Vorschein und hielt es dem Räuber entgegen, wobei seine Hand merklich zitterte.

„Dieses Päckchen soll ich der Prinzessin bringen“, erklärte der Reiter. „Ich bin nämlich Bote, und das Überbringen ist mein Beruf. Ich wäre Ihnen sehr verbunden, wenn sie es mir nicht wegnehmen würden. Als Bote ohne etwas in Händen hinterlässt man einen schlechten Eindruck!“

„Das ist mir egal“, brummte der Räuber und nahm es an sich.

So musste der Bote ohne das Päckchen zur Prinzessin reiten. Und abends im Räuberhaus öffnete der bärtige Bertram seine Beute. Diener Johann konnte nicht umhin, eine gewisse Neugierde zu empfinden.

„Da ist ja nur ein kleiner Löffel drin“, bemerkte enttäuscht der Räuber.

„Ein sehr vornehmer kleiner Löffel“, stellte Johann fest. „Darf ich mal sehen?“

Er polierte ihn mit seinem Taschentuch und untersuchte ihn dann ganz genau.

„Es ist ein silberner Teelöffel“, erklärte er dem Räuber. „Eine sehr feine Arbeit. Wunderschöne Verzierungen.“

„Wenn es ein so besonderer Löffel ist“, sagte der Räuber, „werde ich fortan mein Bier damit umrühren.“

„Das Bier?“, fragte Johann und rümpfte wieder heimlich die Nase.

„Genau“, bestätigte der Räuber. „Diener, bring mir ein Bier, damit ich es zunächst umrühren und dann trinken kann.“

„Sehr wohl“, sagte Johann.

So vergingen einige Tage. Johann hatte sich leidlich an seinen neuen Dienstherrn gewöhnt, und bei jedem weiteren Überfall erkundigte er sich höflich, ob der Reisende eine Morgenzeitung dabei hatte, und ob er sie entbehren konnte.

Hin und wieder ließ sich dann der bärtige Bertram zum Frühstück daraus vorlesen. Zudem war es Johann mit der Zeit gelungen, den Räuber davon zu überzeugen, dass zum Frühstück ein frischer Kaffee einem Krug Bier vorzuziehen war.

Eines Nachts konnte der bärtige Bertram nicht schlafen und wanderte allein durch den Wald. Der Wind war kalt, und immer wieder war der Ruf eines Bartkauzes zu hören. Auf einer Lichtung traf er einen anderen Räuber. Der hatte eine Schaufel und grub ein Loch.

„Was machst Du denn da?“, fragte der bärtige Bertram neugierig. „Gräbst Du einen Schatz aus?“

„Nein“, sagte der andere Räuber. „Ich grabe einen Schatz ein.“

„Dann kann ich ihn ja wieder ausgraben“, freute sich der bärtige Bertram und rieb sich schon die Hände.

„Wieso Du?“, fragte nun der andere und unterbrach das Graben. Er stützte sich auf seine Schaufel und schnaufte.

„Ich könnte einen Schatz gut gebrauchen“, erklärte der bärtige Bertram, „weil ich schon lange keinen mehr ergaunert habe. Die Leute haben nur noch Kleinigkeiten bei sich. Es sind harte Zeiten.“

„Aber dieser Schatz gehört trotzdem mir", stellte der andere Räuber klar. „Du musst Deinen eigenen Schatz vergraben, ehe Du ihn wieder ausgraben kannst."

„Erst eingraben und dann wieder ausgraben?", lachte der bärtige Bertram. „Die Mühe werde ich mir sparen."

„Aber der Wald soll bald von Soldaten durchkämmt werden", sagte der andere. „Weißt Du, da hat wohl ein Kollege einen Boten ausgeraubt, der etwas an die Prinzessin überbringen sollte. Nun sollen alle Räuber gefasst werden. Auch Du und ich. Und unsere Schätze wollen sie uns auch abnehmen."

„Das gibt's ja nicht", schimpfte da der bärtige Bertram. „Die Schätze, die wir uns ehrlich ergaunert haben?"

„Genau die", bestätigte der andere und tupfte sich den Schweiß ab. „Deshalb werde ich das Wertvollste, das ich habe, hier vergraben. Wenn ich dann aus dem Gefängnis komme, kann ich es wieder ausgraben."

Der bärtige Bertram dachte unterdessen darüber nach und fasste bald einen Entschluss: „Viel habe ich nicht, das sich zu vergraben lohnt. Aber ich denke, auch ich sollte das ein oder andere vor den Soldaten verstecken."

Und mit diesen Worten verschwand er im Wald, während der andere seine Schaufel nahm und das Loch vergrößerte.

Am nächsten Morgen studierte der Diener die Morgenzeitung des vergangenen Tages. Die hatte er von einem schönen Fräulein bekommen, das mit ihrem Gatten auf Hochzeitsreise durch den Wald gekommen war. Selbst unter den übelsten Räubern gehörte es sich damals nicht, Hochzeitsreisende zu überfallen, aber die höfliche Frage nach einer ausgelesenen Morgenzeitung war natürlich immer und überall gestattet.

„Steht etwas über die Prinzessin drin?“, erkundigte sich der bärtige Bertram.

„Das kann ich jetzt noch nicht sagen“, entgegnete Johann. „Ich habe gerade erst mit dem Lesen begonnen. Aber was soll denn drinstehen?“

„Sie will Soldaten in den Wald schicken und alle Räuber festnehmen lassen“, sagte der Räuber und wirkte etwas nachdenklich. „Das hat mir gestern Nacht ein Kollege erzählt.“

„Wieso will sie das auf einmal?“, forschte der Diener weiter.

„Es liegt wohl an diesem Silberlöffel“, meinte der Räuber. „Mit dem ich abends immer mein Bier umrühre.“

„Es ist eigentlich ein Teelöffel“, stellte der Diener fest, „und kein Bierlöffel.“

Der Räuber schlürfte einen Schluck Kaffee und seufzte.

„Darf ich Ihnen einen Vorschlag unterbreiten?“, fragte Johann und holte tief Luft.

Der bärtige Bertram gab ihm durch ein Nicken zu verstehen, dass er bereit war, ihm zuzuhören.

„Ich könnte der Prinzessin den Silberlöffel überbringen“, meinte Johann. „Wenn der es ist, der ihr so wichtig ist, hält sie das vielleicht davon ab, die Soldaten zu schicken.“

„Und womit rühre ich dann in Zukunft mein Bier um?“, knurrte der Räuber. „Seit ich mein Bier umrühre, bleibt mir der

Schaum nicht mehr im Bart hängen. Man gewöhnt sich an so etwas!“

„Mag sein“, entgegnete Johann. „Aber so ein kleiner Löffel ist dennoch eher für feine Leute geeignet. Sie als Räuber brauchen doch einen größeren Löffel, mit dem Sie beim Bierkrug bis auf den Grund kommen. Da rührt sich's gleich viel angenehmer.“

Darüber dachte der Räuber lange nach.

„Schön“, sagte er schließlich. „Du gehst zur Prinzessin und bietest ihr den Löffel zum Tausch an. Und dann kommst Du zurück und bringst mir einen größeren Löffel. Einen echten Bierlöffel!“

„Sehr wohl“, entgegnete Johann, nahm den Silberlöffel und machte sich auf den Weg.

Der bärtige Bertram wartete nun auf die Rückkehr des Dieners. Es vergingen einige Tage, und von Johann war nichts zu sehen. Schließlich, als der Räuber wie so oft hinter seinem Busch auf der Lauer lag, hörte er Pferdegetrappel. Er sprang aus der Deckung, versperrte dem Reiter den Weg und hielt ihm die Pistole unter die Nase.

„Wir kennen uns doch“, meinte der bärtige Bertram.

„Das ist richtig“, bestätigte der Bote mit einem Zittern in der Stimme. „Sie haben mir vor ein paar Wochen das Päckchen für die Prinzessin geraubt.“

„Ah ja“, knurrte der Räuber. „Und was willst Du heute hier?“

„Heute bin ich hier, um Ihnen ein Päckchen zu bringen“, erklärte der Bote.

„Ein Päckchen für mich?“, fragte der bärtige Bertram aufgeregt. „Zeig her! Wo ist es?“

„Naja“, stammelte der Bote. „Leider hat es mir einer Ihrer Kollegen geraubt. Es ist noch nicht so lange her. Er hatte sich von einem Baum abgeseilt. Ich habe mich zu Tode erschreckt. Also beinahe. Und ehe ich etwas unternehmen konnte, hatte er mir das Päckchen bereits aus der Hand gerissen.“

„Das war der listige Leo“, vermutete der Räuber. „Das gibt Ärger. Dem werde ich eins auf die Nase hauen, dass ihm Hören und Sehen vergeht.“

„Dürfte ich dann weiterreiten?“, fragte der Bote vorsichtig.

„Na klar“, antwortete der Räuber. „Aber sag – hast Du vielleicht eine Morgenzeitung dabei?“

Der bärtige Bertram erhielt sein Päckchen noch am selben Tag. Der listige Leo brachte es ihm freiwillig, denn er konnte sich noch gut daran erinnern, als er das letzte Mal verprügelt worden war.

„Dein Name steht drauf“, sagte er, „und da dachte ich, ich bringe es Dir lieber. Nichts für ungut, Herr Kollege!“

„Her damit“, knurrte der bärtige Bertram und begann gleich damit, es auszupacken.

„Das ist ja nur ein Suppenlöffel“, wunderte sich der listige Leo.

„Nein, es ist ein Bierlöffel“, freute sich der bärtige Bertram. Und dann wurde er traurig, weil er nun wusste, dass sein Diener nicht zu ihm zurückkehren würde.

„Ich wusste gar nicht, dass man Bier auch umrühren kann“, wunderte sich Leo.

„Das kannst Du gerne ausprobieren“, entgegnete der bärtige Bertram, doch als er zwei Krüge Bier zapfen wollte, musste er feststellen, dass sein Fass leer war.

„Dann kommt mit zu mir“, meinte der listige Leo. „Mein Fass ist noch voll. Das habe ich gestern erst einem Bierkutscher abgenommen.“

Bald sprach sich bei Reisenden herum, dass man, wenn man durch den Wald reisen wollte, möglichst einen Bierlöffel oder eine Morgenzeitung dabei haben sollte, weil man so auf günstige Weise den Räubern eine Freude machen konnte. Und erfreute Räuber waren meist weniger grausam.

Abgesehen davon blieb im Räuberwald alles beim Alten, was gut war, denn sonst wäre es vielleicht noch nötig gewesen, den Räuberwald umzubenennen. Und das hätte wohl zur Folge gehabt hätte, dass einige Landkarten hätten erneuert werden müssen. Und das wäre wohl zu viel Arbeit gewesen.

Die Teegesellschaft

Eines Tages, und für alle, die es genau wissen wollen: Es war ziemlich genau der Tag, nachdem Johann den Räuberwald verlassen hatte. Eines Tages jedenfalls kam der Hofrat zur Prinzessin und grinste über beide Ohren. Er hielt seine Hände geheimnisvoll hinter dem Rücken versteckt, und die Prinzessin wurde neugierig, doch so sehr sie ihren Hals auch reckte, das hinter den Rücken Gehaltene blieb vor ihren Augen verborgen.

„Dürfte ich erfahren“, fragte sie, „was es mit Deiner guten Laune auf sich hat?“

„Dafür gibt es zwei Gründe“, antwortete der Hofrat.

„Ich bin gespannt, sie zu hören“, sagte die Prinzessin.

„Zunächst einmal wurde heute die Küche geputzt“, erklärte der Hofrat. „Von oben bis unten und in allen Winkeln.“

„Das finde ich auch sehr erfreulich“, meinte die Prinzessin.

„Ja, aber Ihr ahnt nicht, was dadurch zum Vorschein kam“, sagte der Hofrat.

„Das ahne ich tatsächlich nicht“, gestand die Prinzessin und befürchtete das Schlimmste.

Da legte der Hofrat einen Teelöffel auf den Tisch. Es war einer aus ihrer besonderen Garnitur, nur war er stark verbogen.

„Ist das etwa der“, fragte sie, „den seinerzeit der Magier mit der Kraft seiner Gedanken verbogen hat?“

„Genau der“, sagte der Hofrat. „Leider lässt er sich nicht ganz und gar wieder in einen neuwertigen Zustand bringen. Es bleiben immer Spuren zurück.“

„Dann ist er zwar nicht mehr zu gebrauchen“, meinte die Prinzessin, „aber es ist dennoch schön, dass er wieder da ist.“

Natürlich wäre der Löffel nach dem Geradebiegen für die meisten noch gut zu gebrauchen gewesen, und „die Spuren“ wären ihnen dabei vermutlich nicht einmal aufgefallen, aber die Prinzessin war nunmal etwas eigen, was Teelöffel anging.

„Und es kommt noch besser“, meinte der Hofrat. „Denn es ist heute ein Brief gekommen.“

„Für Briefe ist doch der Postminister zuständig“, wunderte sich die Prinzessin. „Was hast Du damit zu tun?“

„Nun, der Postminister hat ihn an mich weitergegeben“, erklärte der Hofrat.

„Was stand denn drin?“

Die Prinzessin wurde langsam ungeduldig.

„Nichts“, sagte der Hofrat, als sei das selbstverständlich.

„Aber wenn nichts drinstand“, meinte die Prinzessin, „dann war es doch kein Brief.“

„Doch“, widersprach der Hofrat, „denn es war ein Briefumschlag mit etwas darin.“

„Und was war darin?“, fragte die Prinzessin.

Da legte der Hofrat einen weiteren Silberlöffel auf den Tisch.

„Ist das etwa derjenige, den der Taschendieb gestohlen hat?“

„Ja“, antwortete der Hofrat. „Und allem Anschein nach wurde er benutzt, um Bier damit umzurühren.“

Die Prinzessin verzog angewidert ihr Gesicht.

„Man wird ihn gewiss reinigen können“, meinte der Hofrat. „Und die frohe Botschaft lautet: Es sind alle Teelöffel wieder da. Eure Garnitur ist vollständig.“

„Das ist in der Tat ein Grund zur Freude“, sagte die Prinzessin und lächelte. „Dann soll die komplette Garnitur im Löffelmuseum ausgestellt werden.“

„Ja?“, wunderte sich der Hofrat. „Wollt Ihr sie denn nicht für Teegesellschaften nutzen?“

„Nein“, meinte die Prinzessin. „Die Löffel-Mitbringsel sind mittlerweile eine sehr nette Tradition. Und die mit unterschiedlichen Löffeln gedeckte Teetafel ebenfalls. Dabei soll es bleiben.“

„Sehr wohl, Frau Prinzessin“, sagte der Hofrat. „Ich wäre dann bereit, Euch die neue Gästeliste zu Gehör zu bringen, wenn es genehm ist.“

„Ja“, entgegnete die Prinzessin, „natürlich ist es genehm.“

„Es ist diesmal ein wenig drollig“, begann der Hofrat, „denn der erste Gast, den ich ausgelost habe, ist Euer Herr Gemahl, der Prinz.“

„Das wird ihn freuen“, vermutete die Prinzessin. „Wer wird sonst noch eingeladen?“

„Dann wären da noch“, sagte der Hofrat, „ein Zauberer aus einem kleinen Dorf der Umgebung, zudem die Tochter eines Blumenhändlers, die aus demselben Dorf stammt, und ein Silberschmied aus der Stadt. Sein Laden trägt den Namen *Wunsch und Schnörkel.*“

„Ich glaube“, meinte sich die Prinzessin zu erinnern, „da hat vor Jahren meine Mutter mal etwas gekauft.“

„Außerdem“, fuhr der Hofrat fort, „ein alter Soldat und ein Wassermann. Letzterer wird wohl anstatt auf einem Stuhl in einer Badewanne sitzen müssen.“

„Das lässt sich sicherlich einrichten“, meinte die Prinzessin. „Wer noch?“

„Zwei Räuber“, sagte der Hofrat, „von denen einer listiger Leo und der andere bärtiger Bertram heißt.“

„Die Teegesellschaft muss auf jeden Fall gut bewacht sein“, bestimmte die Prinzessin.

„Dann wären da noch“, setzte der Hofrat die Liste fort, „ein Diener namens Johann und ein Briefbote.“

„Das klingt nett“, sagte die Prinzessin. „Und wer ist der Letzte?“

„Das ist nun schon wieder etwas drollig“, antwortete der Hofrat und lächelte. „Ich habe nämlich zuletzt mich selbst ausgelost.“

„Wie schön“, freute sich die Prinzessin. „Das wurde aber auch mal Zeit. Du darfst dann am Montag die Einladungen abschicken. Natürlich auch eine an Dich selbst, damit alles seine Ordnung hat.“

Die Prinzessin war so erfreut, dass sie sogar das Räumen des Räuberwaldes absagte.

Die wieder vollständige Löffelgarnitur wurde, wie die Prinzessin es gewünscht hatte, in einer besonderen Vitrine des Löffelmuseums ausgestellt. Es war wohl die einzige Garnitur des gesamten Königreichs, die vollständig war, denn alle anderen waren durch die in Mode gekommenen Löffelgeschenke so sehr durcheinander gemischt, dass kein einziger Untertan mehr zwei Löffel der gleichen Sorte besaß. Und dafür ist Lugabugien noch heute weltberühmt.

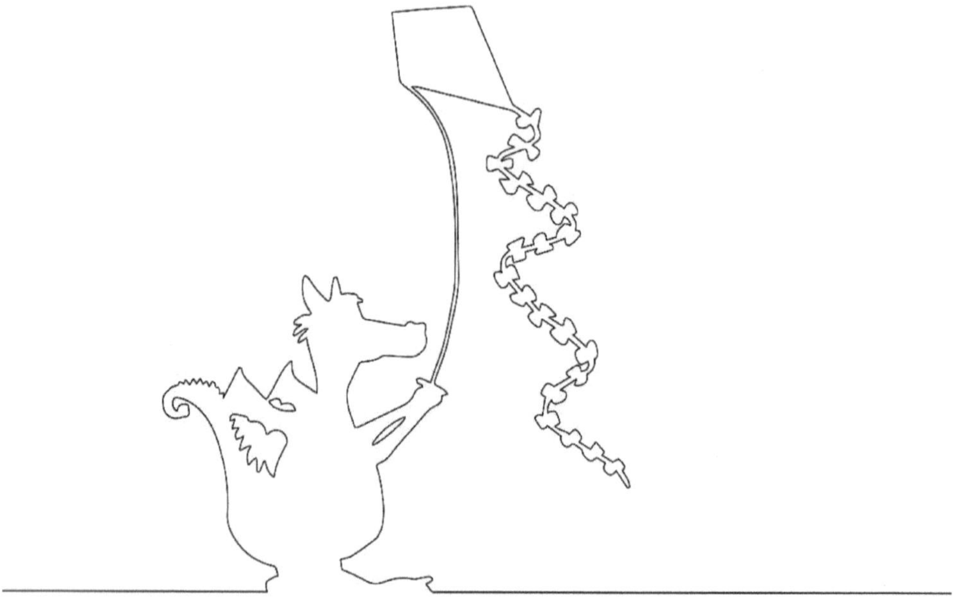

Weitere Bücher von Christian Peitz
sowie die Hörspiele aus dem Podcast
Märchen-Hörspiele gibt es auf

www.timpete.de

TimpeTe